わくわく！どきどき！
輪ゴムで動くビックリおもちゃ

かんば こうじ
KANBA KOJI

PHP

はじめに

　こんにちは、かんばこうじです。私は子どものころから工作少年で、父はしかけのあるプラモデルの設計者でした。工作が好きで好きで、雑誌にたくさんの工作を発表してきました。長年、作りつづけた知識とアイデアをいかして、輪ゴムで動く楽しい工作を考え出し、この本にまとめました。

　輪ゴムを使った工作といえばゴム鉄砲や車などがすぐ思いつきますよね。もちろんそういったものもありますが、でも、どこかで見たような……。やっぱり少しちがうことをしてみたい……。もっとおもしろくなるんじゃないかって、いつも思うんです。そして、誰も考えたことのない仕組みでおもしろい動きもできるんじゃないか。そんなことも考えながら作りました。それが、「それいけペンギンさん」だったり「あばれ馬」だったり……。たぶん誰も思いついてない仕組みです。

　みんなでビックリしたり、楽しくあそべたりする工作。それから、プロペラを使った科学的におもしろい工作などいろいろあります。

　これは工作キットではないので、みんなの工夫やひらめきをいかしてオリジナルに変形しても楽しいですよね。では、ビックリ工作ワールドへ〜！

かんばこうじ

この本の使い方と注意

1 6ページから紹介する作品の写真を見て、好きなものを探してみよう！

2 好きな作品が見つかったら、つくり方ページへすすみ、じっくり読みましょう。

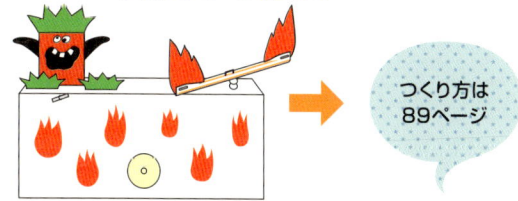
つくり方は89ページ

3 つくりはじめる前に必ず32～33ページを読みましょう！つくるときの注意点やポイントをしっかり読んで、じょうずにつくれるように準備しておきましょう。

ポイント

4 道具や材料でケガをしないように注意しましょう。はさみやカッターナイフなどを使うときは、おとなの人といっしょに使いましょう。道具を人に向けては絶対にいけません。

5 つくり方がむずかしいときは、おとなの人に手伝ってもらいましょう。

6 あそぶときは、ケガをしないように注意しましょう！ダーツピストルや円ばんシューティングなど、飛ばすものは絶対人に向けないで。

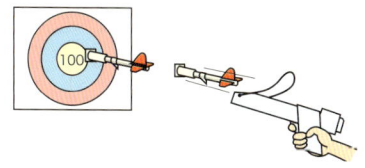

「輪ゴム」で動くビックリおもちゃ
もくじ

はじめに

この本の使い方と注意 ………………………… 3

つくる前に必ず読もう！ ………………………… 32

	作品ページ / つくり方
快速てんとう虫 ………………………	6 / 34
あばれ馬 ………………………………	7 / 38
動物の里 ………………………………	9 / 40
ゆらゆらフラワー ……………………	10 / 44
それいけペンギンさん ………………	11 / 46
変身ピエロ ……………………………	12 / 50
カエルの貯金箱 ………………………	13 / 54
スピードレースカー …………………	14 / 58
パッチンプレート ……………………	17 / 62

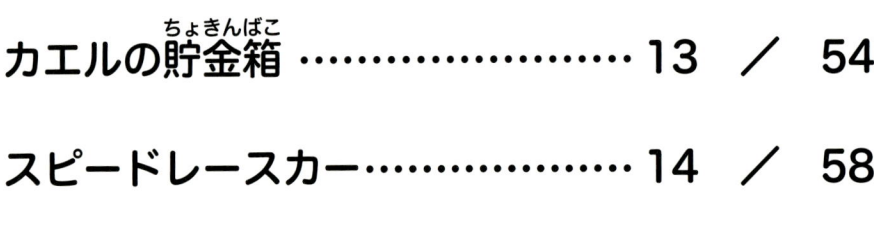

	作品ページ / つくり方
あめんぼ	18 ／ 64
あひるくん	19 ／ 66
空飛ぶカップ	20 ／ 68
モーターボート	22 ／ 70
マンボウ	23 ／ 72
どきどきチャレンジ	24 ／ 74
ダーツピストル	26 ／ 78
くるくるタコくん	27 ／ 82
プロペラカー	28 ／ 84
夢のエアスクーター	29 ／ 86
おばけの野原	30 ／ 89
円ばんシューティング	31 ／ 94

かたかた

かたかた

あばれ馬

つくり方は
38ページ

びゅん！！

つくり方は40ページ

動物の里

つくり方は
44ページ

ゆらゆらフラワー

つくり方は
58ページ

スピード
レースカー

つくり方は
68ページ

空飛ぶカップ

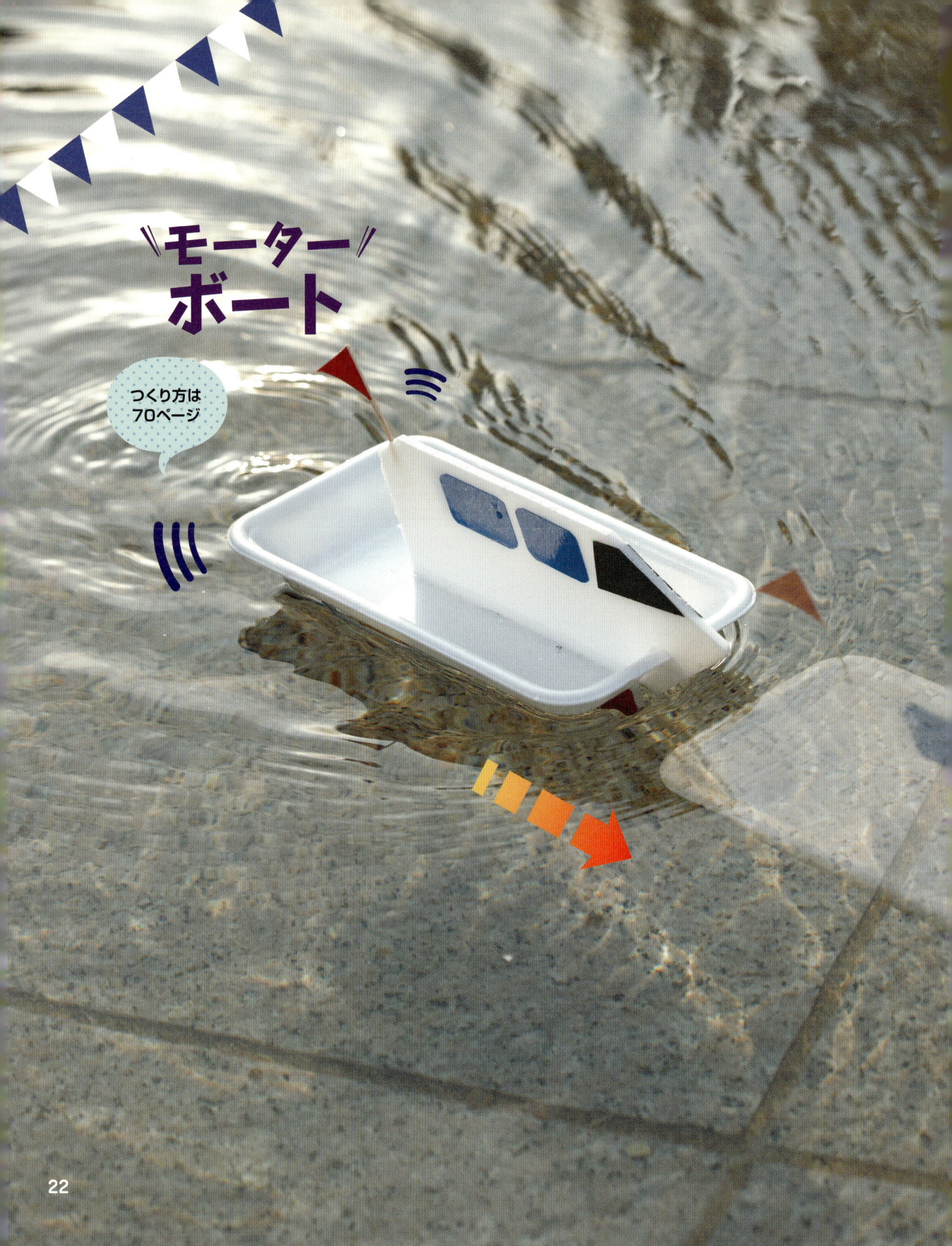

つくり方は
78ページ

『ダーツ』
ピストル

つくり方は84ページ

プロペラカー

つくり方は86ページ

夢の エアスクーター

つくり方は94ページ

《円ばん》シューティング

つくる前に必ず読もう！

道具と材料

工作に必要な道具を紹介するよ！
必要な材料は作品によってそれぞれちがうので、「つくり方」のページで確認してね！

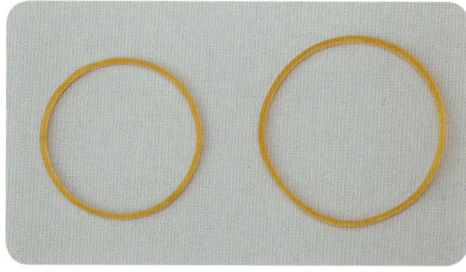

大きさや強さがちがう「No.16」と「No.18」の輪ゴムが2種類あります。つくり方ページで紹介している輪ゴムを使いましょう。ちがう輪ゴムを使うと動かなくなるので注意してね。

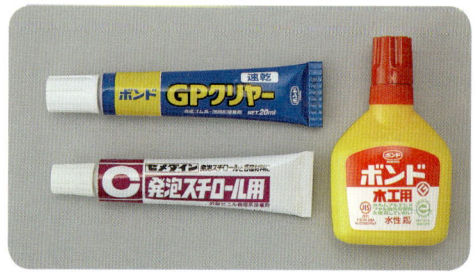

接着剤は3種類使っています。材料によっては、接着できないことがあるので、つくり方にある接着剤を使いましょう。接着剤はちゃんとかわかしてから、次の作業にとりかかりましょう。あせらず、ゆっくりつくろうね。

道具

えんぴつ	コンパス	両面テープ
ボールペン	ラジオペンチ	ビニールテープ
定規（30cm〜）	千枚通し	木工用ボンド
三角定規	クリップ	発泡スチロール用接着剤
はさみ	プッシュピン	GPクリヤー
カッターナイフ	ホッチキス	油性ペン
カッターボード	セロハンテープ	

工作をするときはつくえがよごれるので、新聞紙をしくといいでしょう。カッターを使うときは、つくえがきずつかないようにカッターボードを使いましょう。

注意
道具・材料の取りあつかいには十分にご注意ください。とくにお子さまがつくる場合は危険がないよう、おとなが監督、配慮してください。また、作品であそばせるときも注意してください。

- はさみ、カッターナイフ、ラジオペンチで、手など切らないように注意してください。
- 千枚通し、竹ぐし、つまようじ、ゼムクリップ、えんぴつなど、先のとがった部分でケガをしないように注意してください。
- ゼムクリップやプッシュピンなど口にしないように注意してください。

つくり方のポイント

1 紙の目の見方

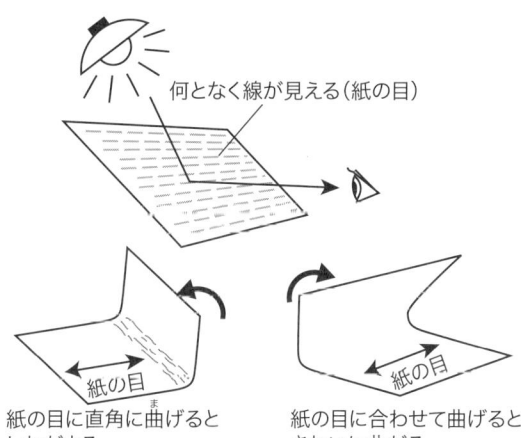

何となく線が見える(紙の目)

紙の目に直角に曲げるとしわがよる

紙の目に合わせて曲げるときれいに曲がる

2 型紙の使い方

実寸 そのままの大きさでコピーして使えるよ

200%拡大コピー 200%に拡大コピーして使ってね

●直線の型紙の写し方

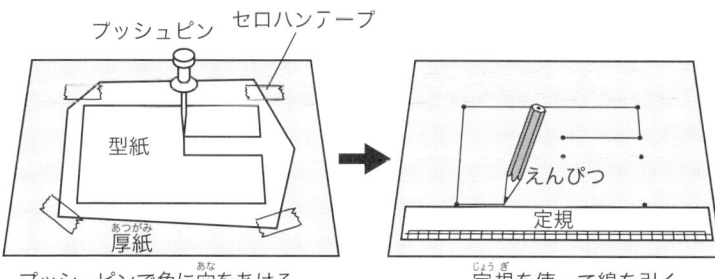

プッシュピン　セロハンテープ　型紙　厚紙
プッシュピンで角に穴をあける

えんぴつ　定規
定規を使って線を引く

●曲線の型紙の写し方

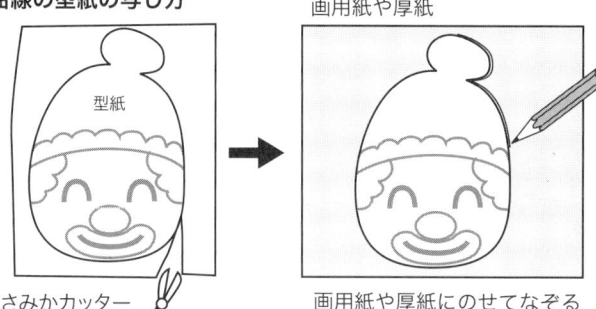

型紙
はさみかカッターで切りぬいて

画用紙や厚紙
画用紙や厚紙にのせてなぞる

3 簡単正確に作図しましょう!

●紙のふちに直角な平行線を引く

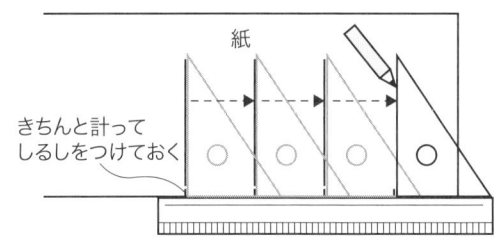

紙
きちんと計ってしるしをつけておく

30cmの定規と三角定規で平行線を連続してかいていく

●紙のふちと平行線を引く

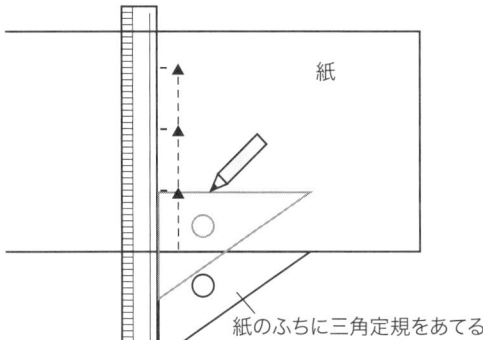

紙
紙のふちに三角定規をあてる

4 折り方の基本

●山折り

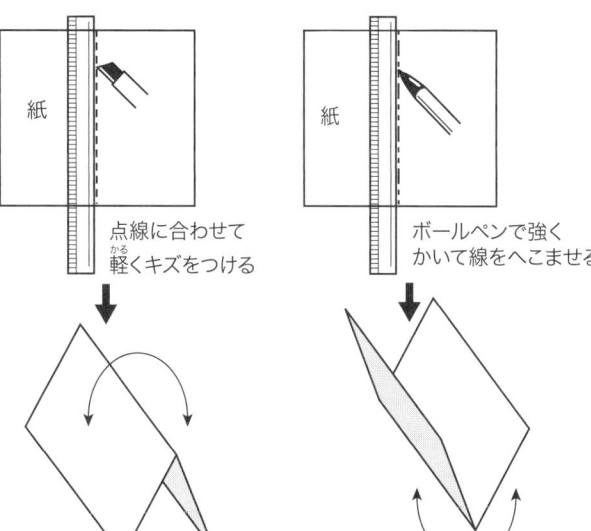

紙
点線に合わせて軽くキズをつける

●谷折り

紙
ボールペンで強くかいて線をへこませる

5 竹ぐしの上手な切り方

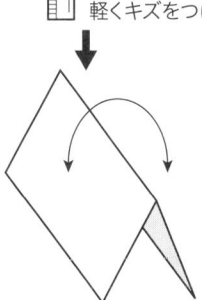

手で竹ぐしをころがしながらカッターも同じように動かすあるていど切れたら折ってもよい

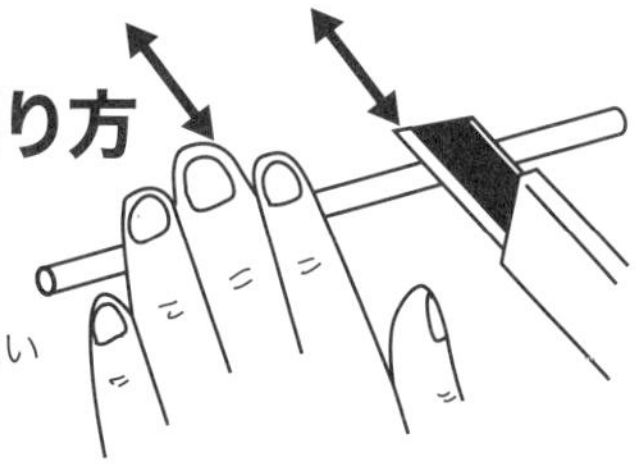

快速てんとう虫

写真は6ページ

材料

- 輪ゴム（No.16）… 2本
- 細いストロー … 1本
- 竹ぐし … 1本
- トイレットペーパーのしん … 1本
- ビーズ（6mm）… 1コ
- ゼムクリップ（小）… 2コ
- 厚紙
- 画用紙（色画用紙）
- 厚手の画用紙（ケント紙）
- ダンボール

型紙 型紙の使い方は33ページ

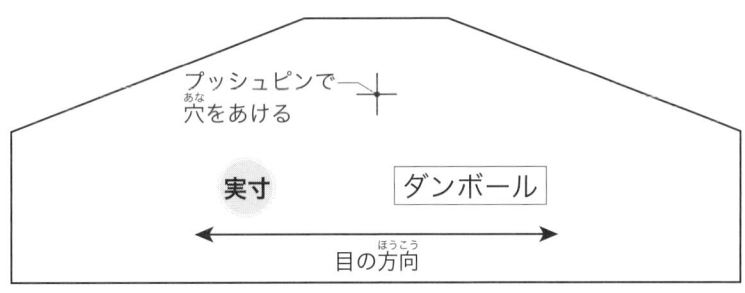

A ベース①×2まい

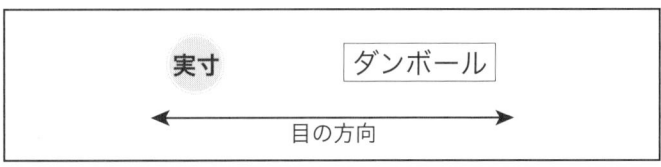

B ベース②×2まい

C ベース③×2まい

D 顔

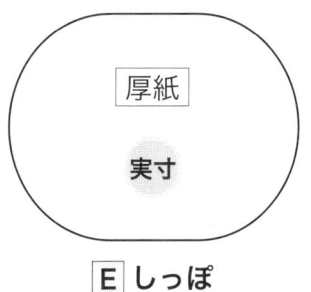

E しっぽ

つくり方

1 タイヤをつくる

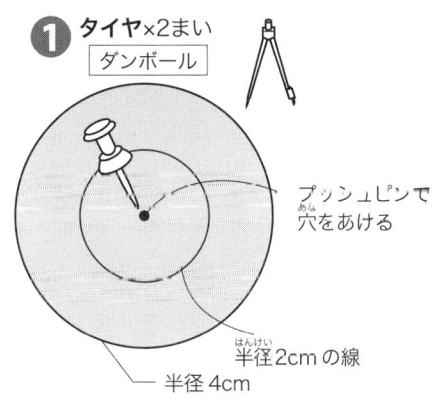
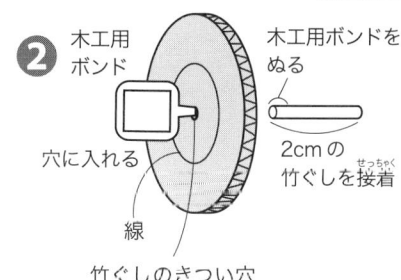
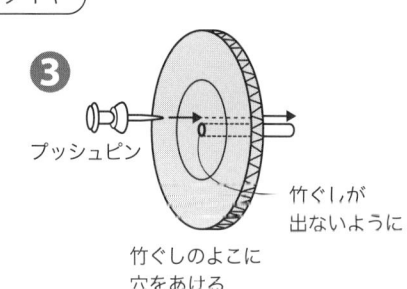

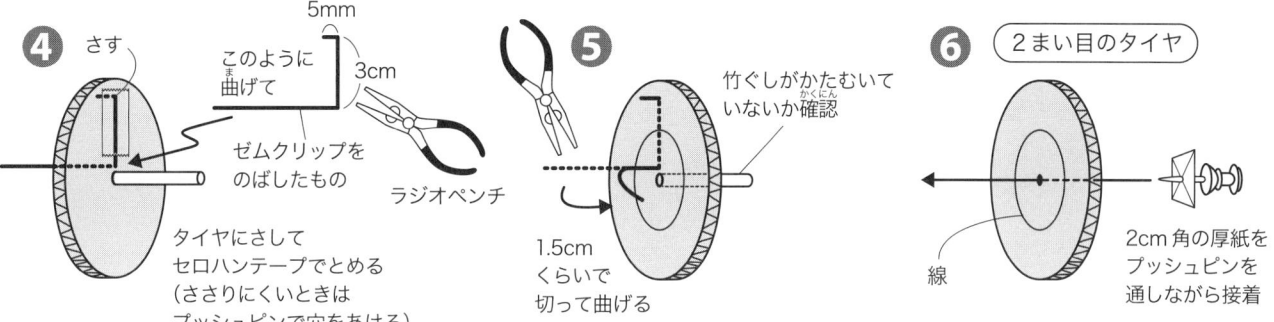

2 ベースをつくる

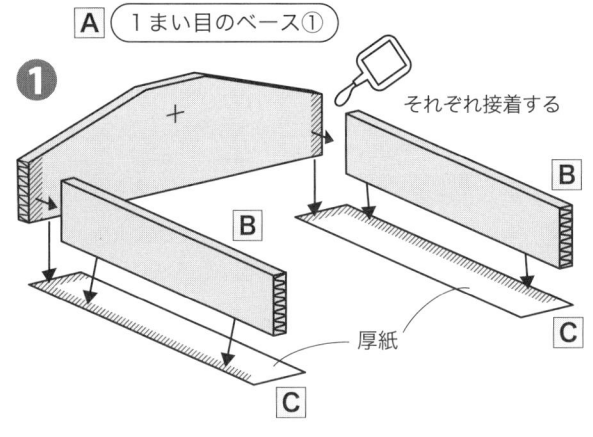
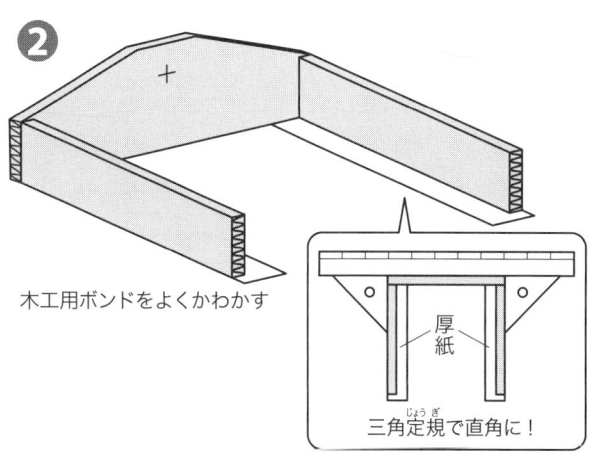

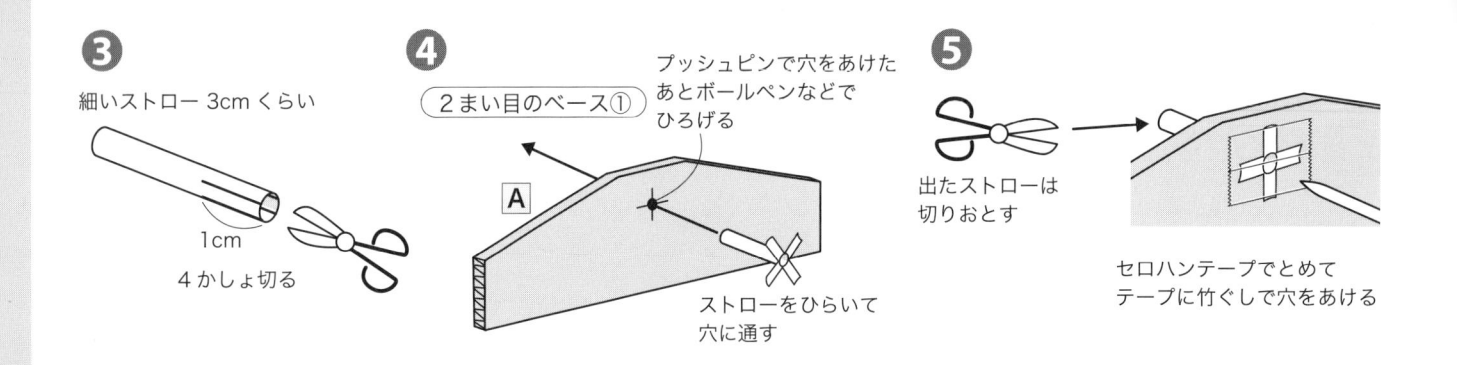

❸ 細いストロー 3cm くらい
1cm
4かしょ切る

❹ 2まい目のベース①
プッシュピンで穴をあけたあとボールペンなどでひろげる
A
ストローをひらいて穴に通す

❺ 出たストローは切りおとす
セロハンテープでとめてテープに竹ぐしで穴をあける

3 ベースとタイヤを組み立てる

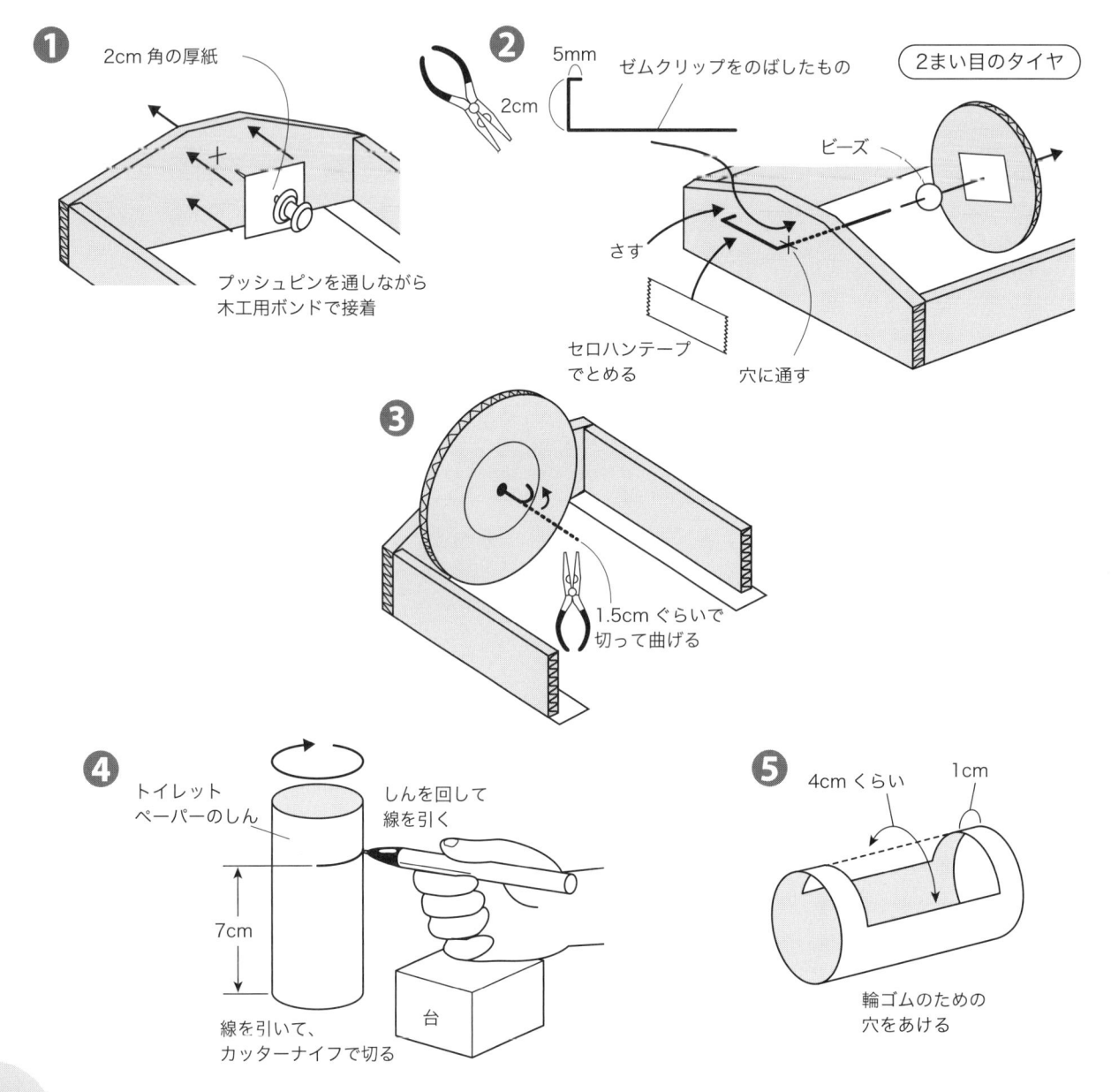

❶ 2cm角の厚紙
プッシュピンを通しながら木工用ボンドで接着

❷ 5mm / 2cm　ゼムクリップをのばしたもの
2まい目のタイヤ
ビーズ
さす
セロハンテープでとめる
穴に通す

❸ 1.5cmぐらいで切って曲げる

❹ トイレットペーパーのしん
しんを回して線を引く
7cm
台
線を引いて、カッターナイフで切る

❺ 4cmくらい / 1cm
輪ゴムのための穴をあける

❻ タイヤの線に合わせて接着

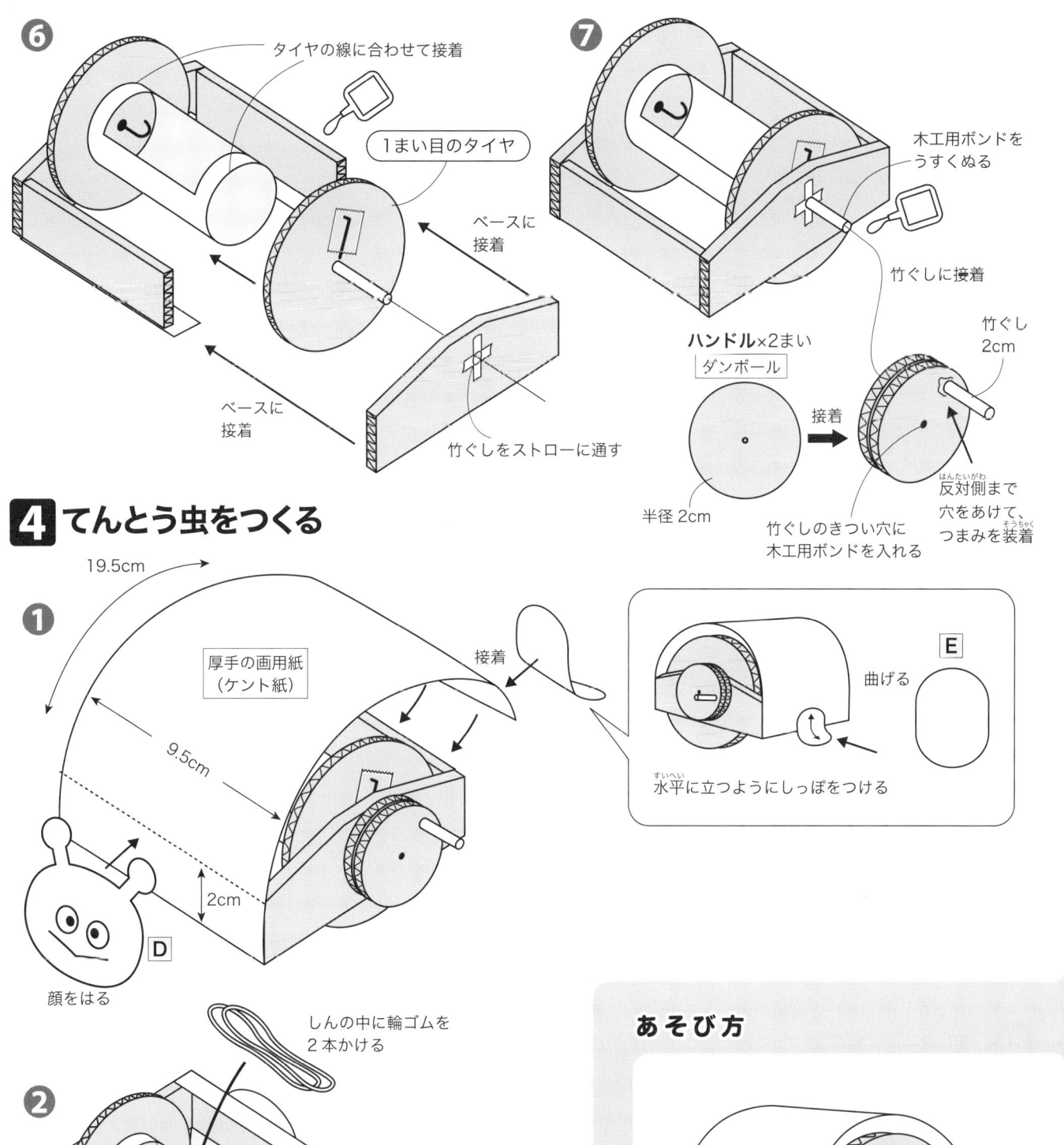

1まい目のタイヤ

ベースに接着

ベースに接着

竹ぐしをストローに通す

❼ 木工用ボンドをうすくぬる

竹ぐしに接着

ハンドル×2まい
ダンボール
→ 接着

半径2cm

竹ぐしのきつい穴に木工用ボンドを入れる

竹ぐし 2cm

反対側まで穴をあけて、つまみを装着

4 てんとう虫をつくる

❶ 19.5cm

厚手の画用紙（ケント紙）

9.5cm

接着

2cm

D 顔をはる

E 曲げる

水平に立つようにしっぽをつける

❷ しんの中に輪ゴムを2本かける

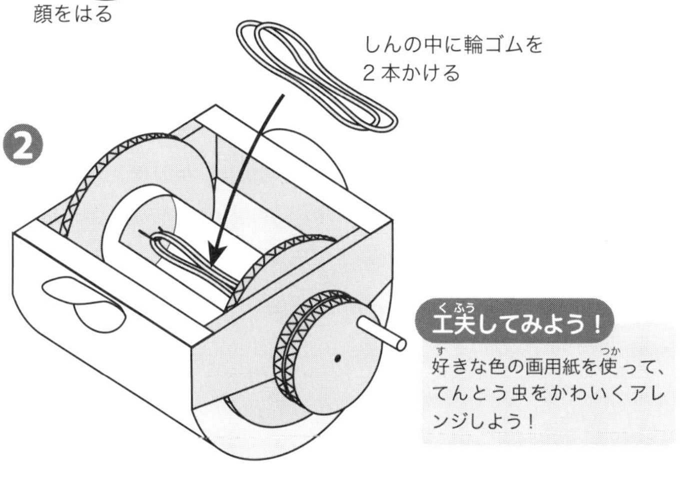

工夫してみよう！
好きな色の画用紙を使って、てんとう虫をかわいくアレンジしよう！

あそび方

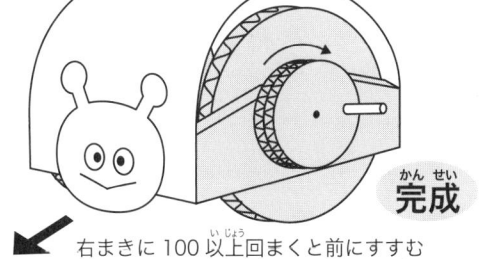

完成

右まきに100以上回まくと前にすすむ

あばれ馬

材料
- 輪ゴム（No.16）… 3本
- 曲がるストロー … 4本
- ゼムクリップ（小）… 1コ
- ビーズ（6mm）… 1コ
- つまようじ … 1本
- 画用紙（色画用紙）

写真は7ページ

型紙 型紙の使い方は33ページ

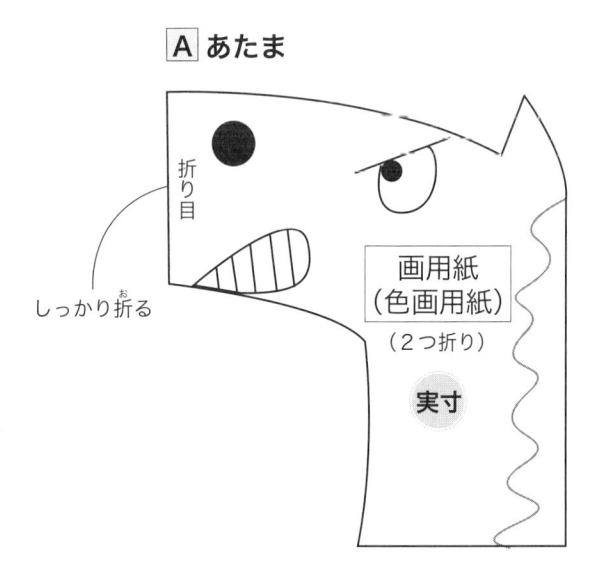

A あたま
- 折り目
- しっかり折る
- 画用紙（色画用紙）（2つ折り）
- 実寸

B しっぽ
- 画用紙（色画用紙）
- 実寸

工夫してみよう！
このように切るとよりしっぽらしくなります
写真のように簡単に切ったり、好きな形に切ったり、アレンジしてみよう！

つくり方

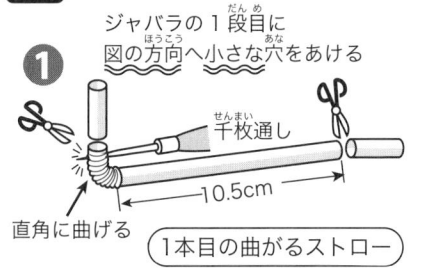

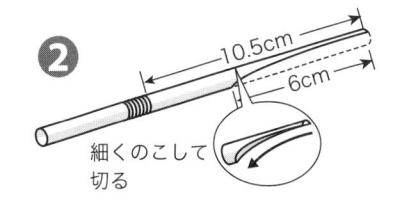

1 胴体をつくる

① ジャバラの1段目に図の方向へ小さな穴をあける
- 千枚通し
- 直角に曲げる
- 10.5cm
- 1本目の曲がるストロー

② 10.5cm / 6cm
- 細くのこして切る
- 2本目の曲がるストロー

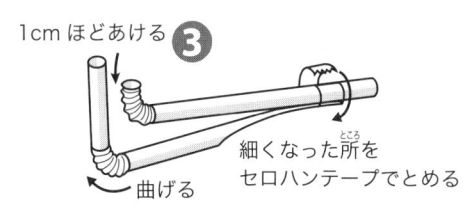

③ 1cmほどあける
- 曲げる
- 細くなった所をセロハンテープでとめる

38

2 足をつくる

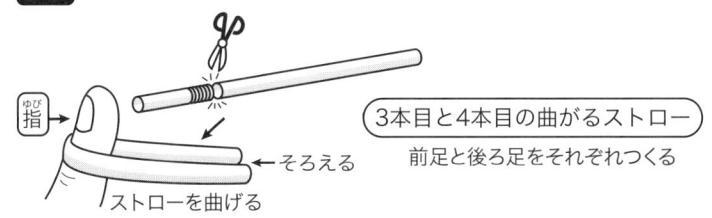

指
ストローを曲げる
そろえる
3本目と4本目の曲がるストロー
前足と後ろ足をそれぞれつくる

3 胴体と足を組み立てる

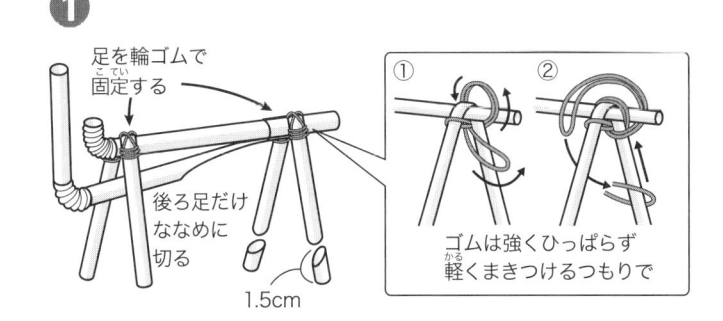

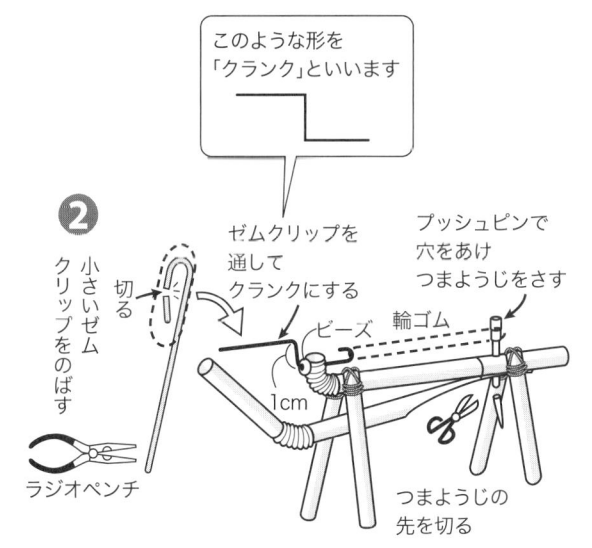

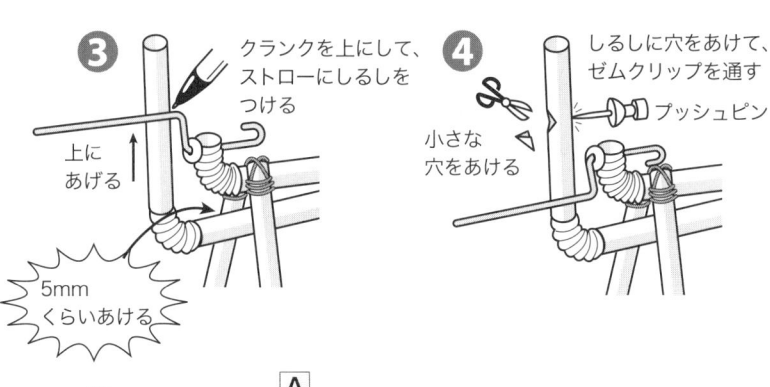

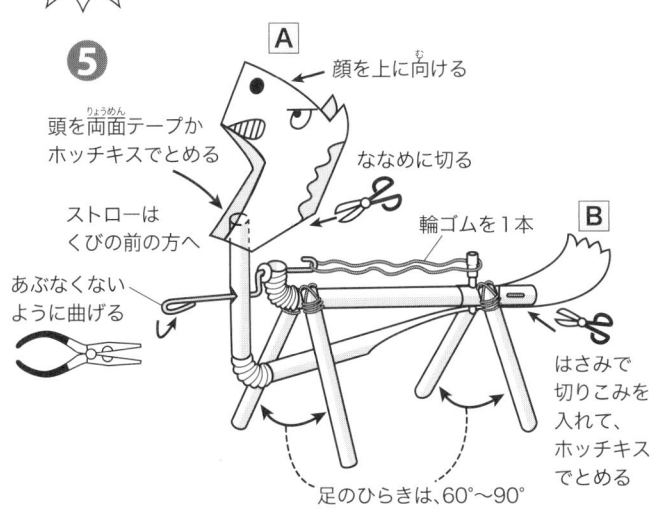

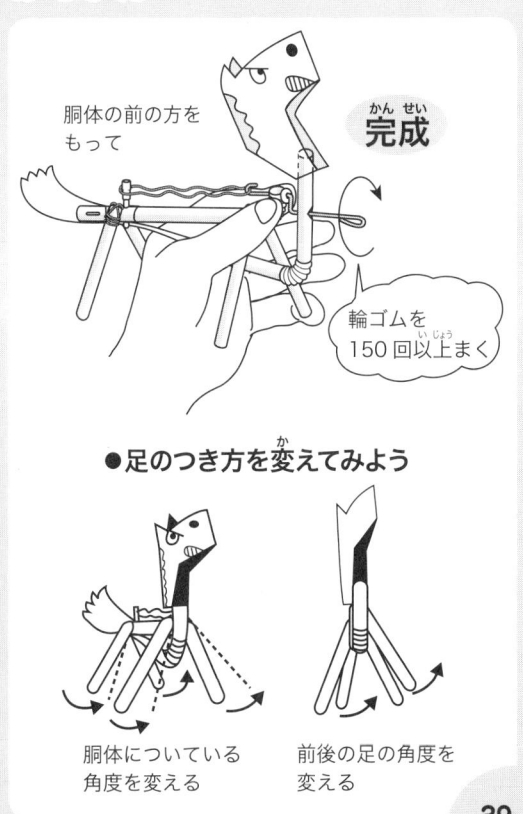

①
足を輪ゴムで固定する
後ろ足だけななめに切る
1.5cm
ゴムは強くひっぱらず軽くまきつけるつもりで

②
このような形を「クランク」といいます
小さいゼムクリップをのばす
ゼムクリップを通してクランクにする
プッシュピンで穴をあけつまようじをさす
ビーズ
輪ゴム
1cm
ラジオペンチ
つまようじの先を切る

③
クランクを上にして、ストローにしるしをつける
上にあげる
5mmくらいあける

④
しるしに穴をあけて、ゼムクリップを通す
プッシュピン
小さな穴をあける

⑤
A
顔を上に向ける
頭を両面テープかホッチキスでとめる
ななめに切る
ストローはくびの前の方へ
あぶなくないように曲げる
B
輪ゴムを1本
はさみで切りこみを入れて、ホッチキスでとめる
足のひらきは、60°〜90°

あそび方

完成
胴体の前の方をもって
輪ゴムを150回以上まく

● 足のつき方を変えてみよう

胴体についている角度を変える
前後の足の角度を変える

39

動物の里

材料
輪ゴム（No.16）…5本　　厚紙
つまようじ…3本　　画用紙（色画用紙）

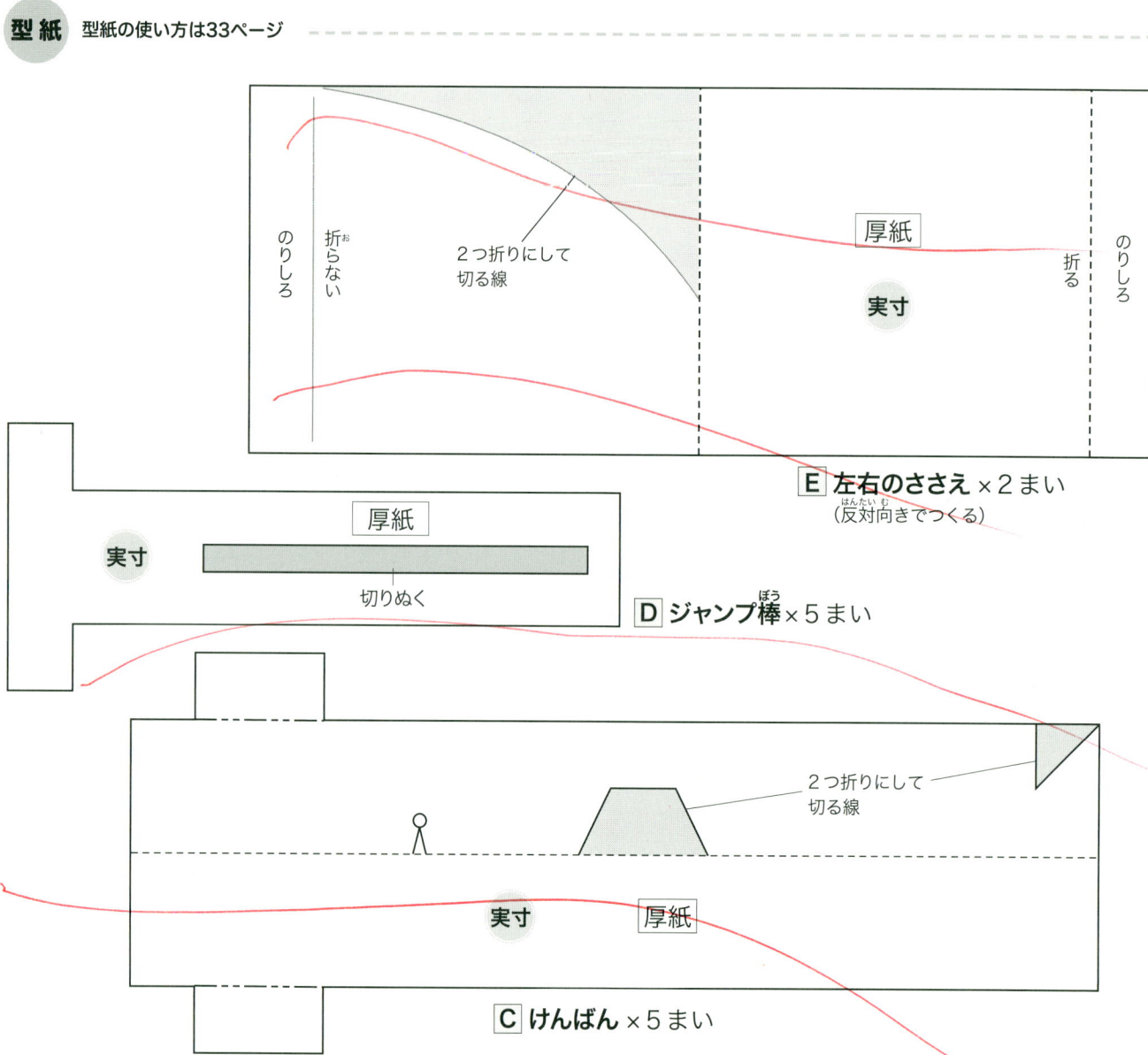

写真は9ページ

型紙　型紙の使い方は33ページ

のりしろ　折らない　2つ折りにして切る線　厚紙　実寸　折る　のりしろ

E 左右のささえ×2まい（反対向きでつくる）

実寸　厚紙　切りぬく

D ジャンプ棒×5まい

2つ折りにして切る線

実寸　厚紙

C けんばん×5まい

A 台(だい)

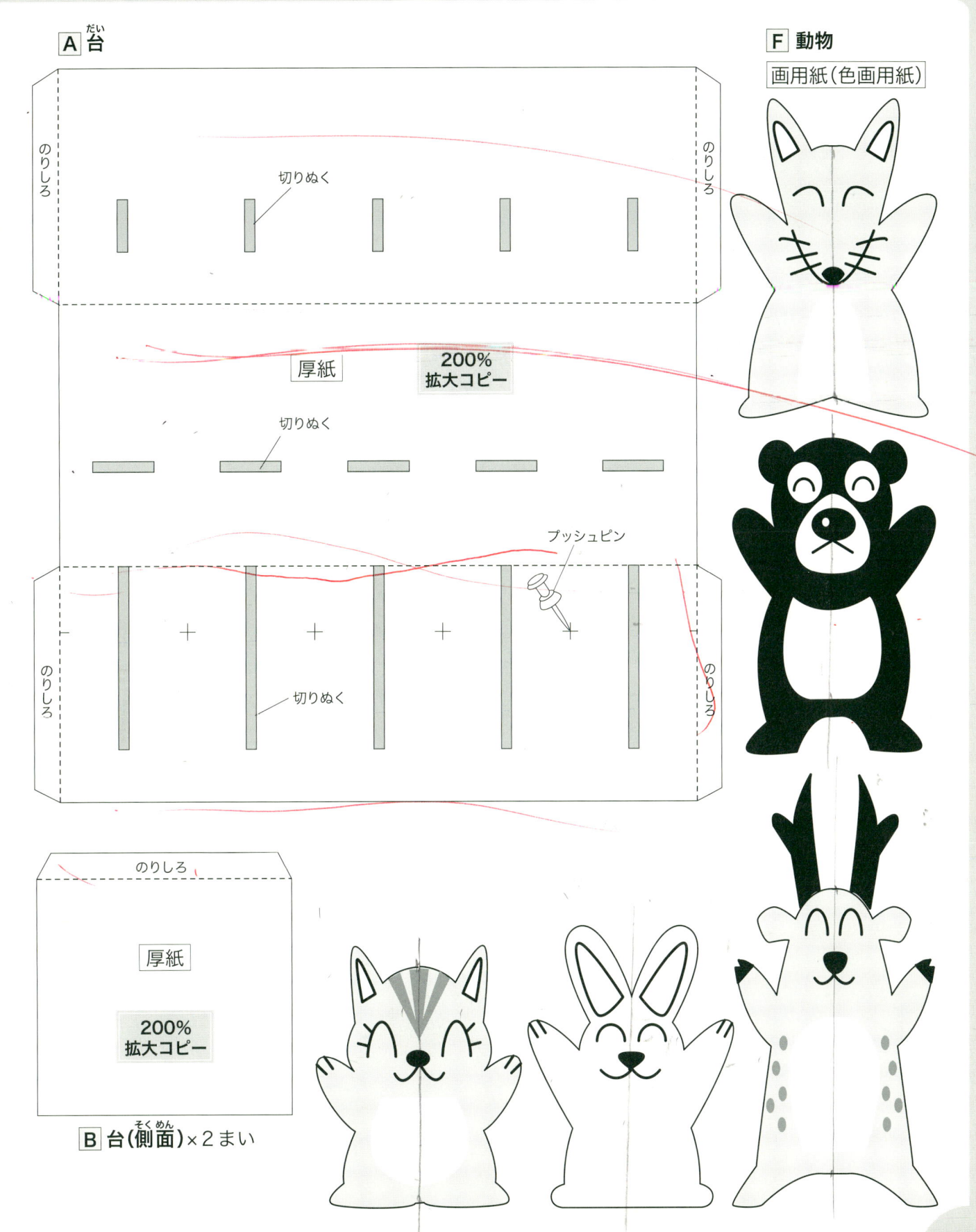

のりしろ

切りぬく

厚紙　200%拡大コピー

切りぬく

プッシュピン

のりしろ　のりしろ

切りぬく

のりしろ

厚紙　200%拡大コピー

B 台(側面(そくめん))×2まい

F 動物

画用紙(色画用紙)

つくり方

1 台をつくる

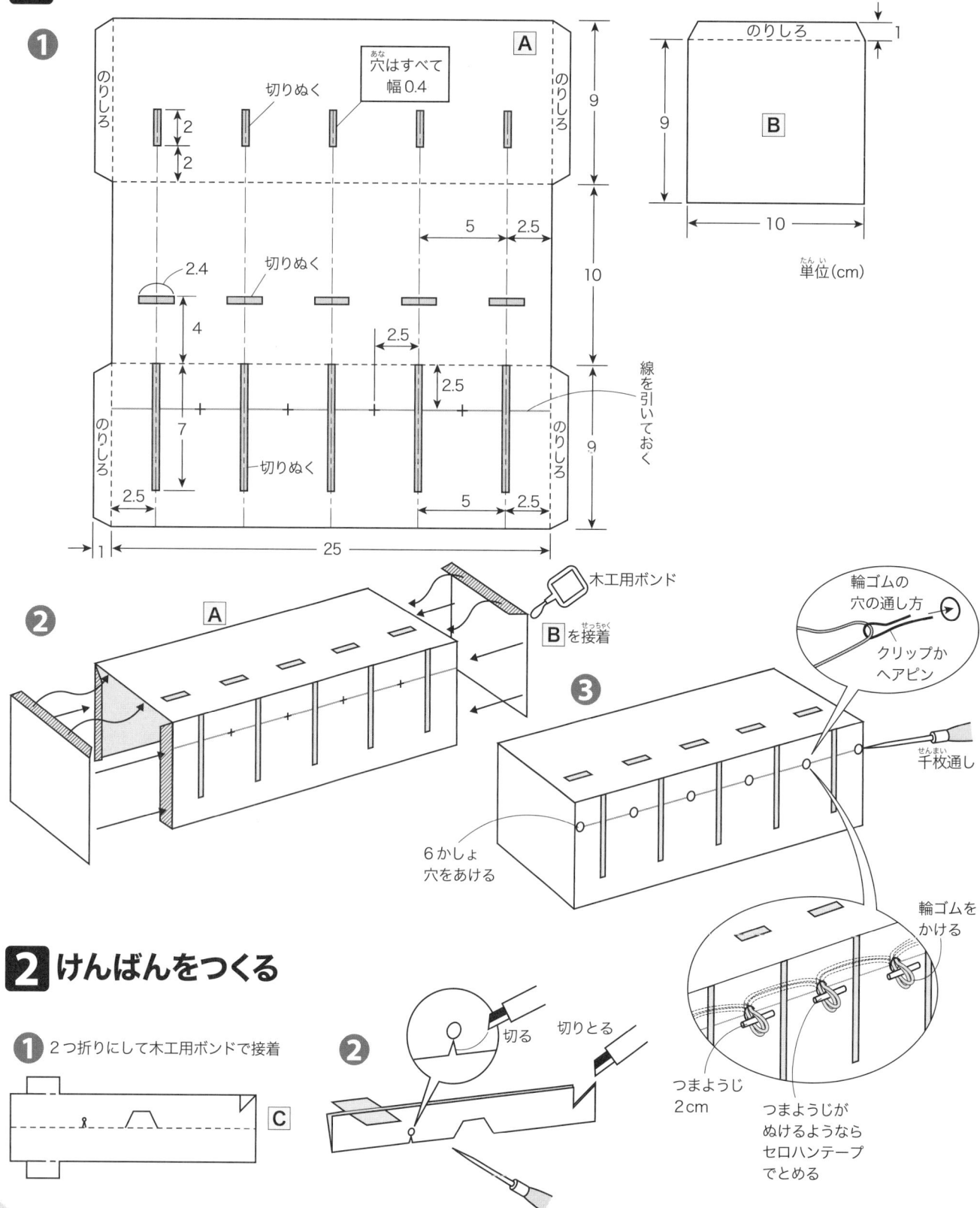

① 穴はすべて幅0.4

切りぬく

のりしろ / のりしろ / のりしろ / のりしろ

2 / 2 / 9 / 5 / 2.5 / 10 / 2.4 / 4 / 2.5 / 2.5 / 7 / 2.5 / 5 / 2.5 / 9 / 1 / 25

線を引いておく

A

のりしろ 1

9

B

10

単位(cm)

② A／木工用ボンド／Bを接着

③ 輪ゴムの穴の通し方／クリップかヘアピン／千枚通し／6かしょ穴をあける／輪ゴムをかける／つまようじ 2cm／つまようじがぬけるようならセロハンテープでとめる

2 けんばんをつくる

① 2つ折りにして木工用ボンドで接着　C

② 切る／切りとる

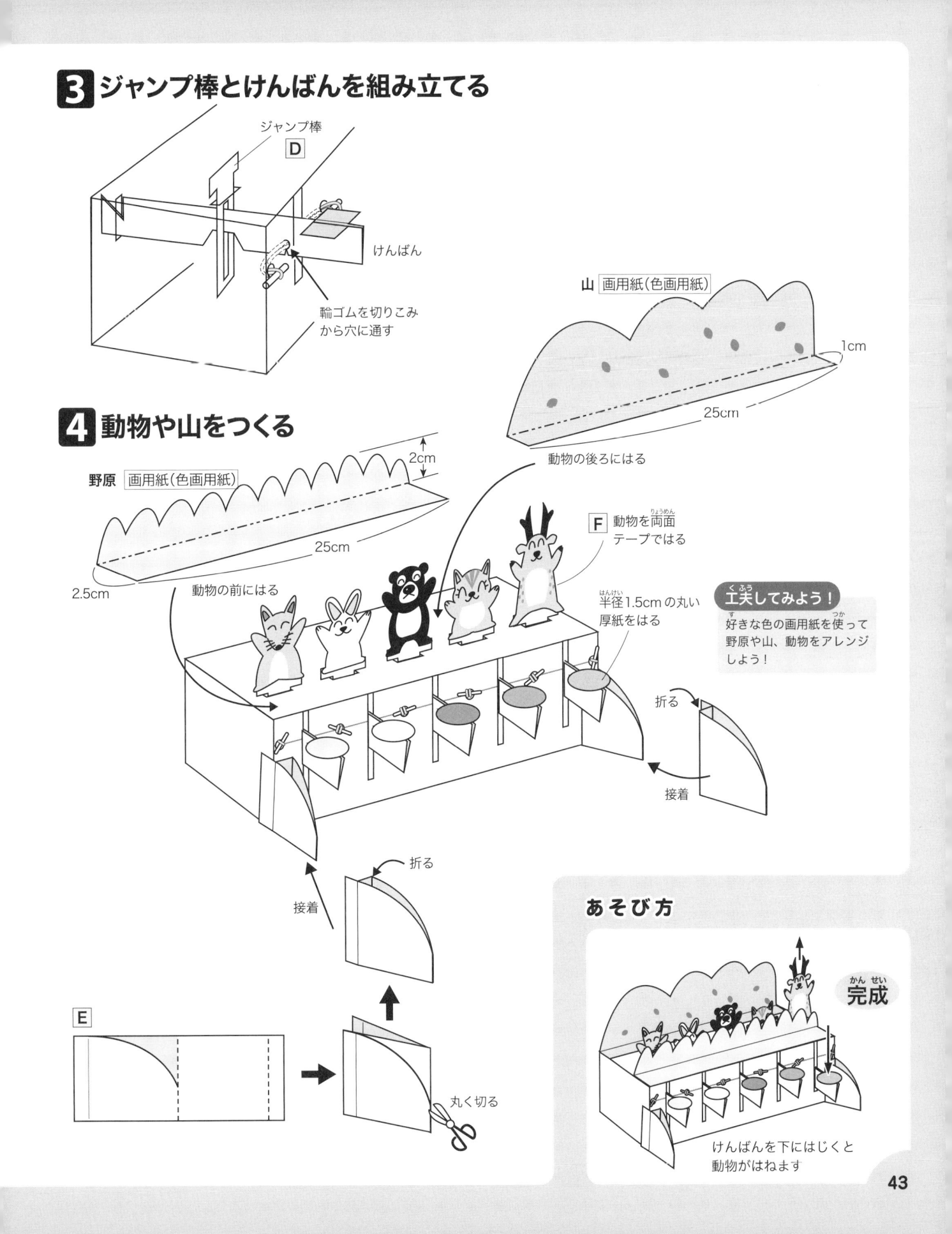

3 ジャンプ棒とけんばんを組み立てる

ジャンプ棒
D
けんばん
輪ゴムを切りこみから穴に通す

山 画用紙（色画用紙）
1cm
25cm
動物の後ろにはる

4 動物や山をつくる

野原 画用紙（色画用紙）
2cm
25cm
2.5cm

動物の前にはる

F 動物を両面テープではる

半径1.5cmの丸い厚紙をはる

工夫してみよう！
好きな色の画用紙を使って野原や山、動物をアレンジしよう！

折る
接着

E
折る
丸く切る

接着

あそび方

完成

けんばんを下にはじくと動物がはねます

43

ゆらゆらフラワー

材料

- 輪ゴム（No.18）… 1本
- 紙コップ … 1コ
- 太いストロー … 1本
- 竹ぐし … 1本
- つまようじ … 1本
- ゼムクリップ（小）… 1コ
- 消しゴム … 1コ
- 厚紙
- 画用紙（色画用紙）

写真は10ページ

つくり方

1 ベースをつくる

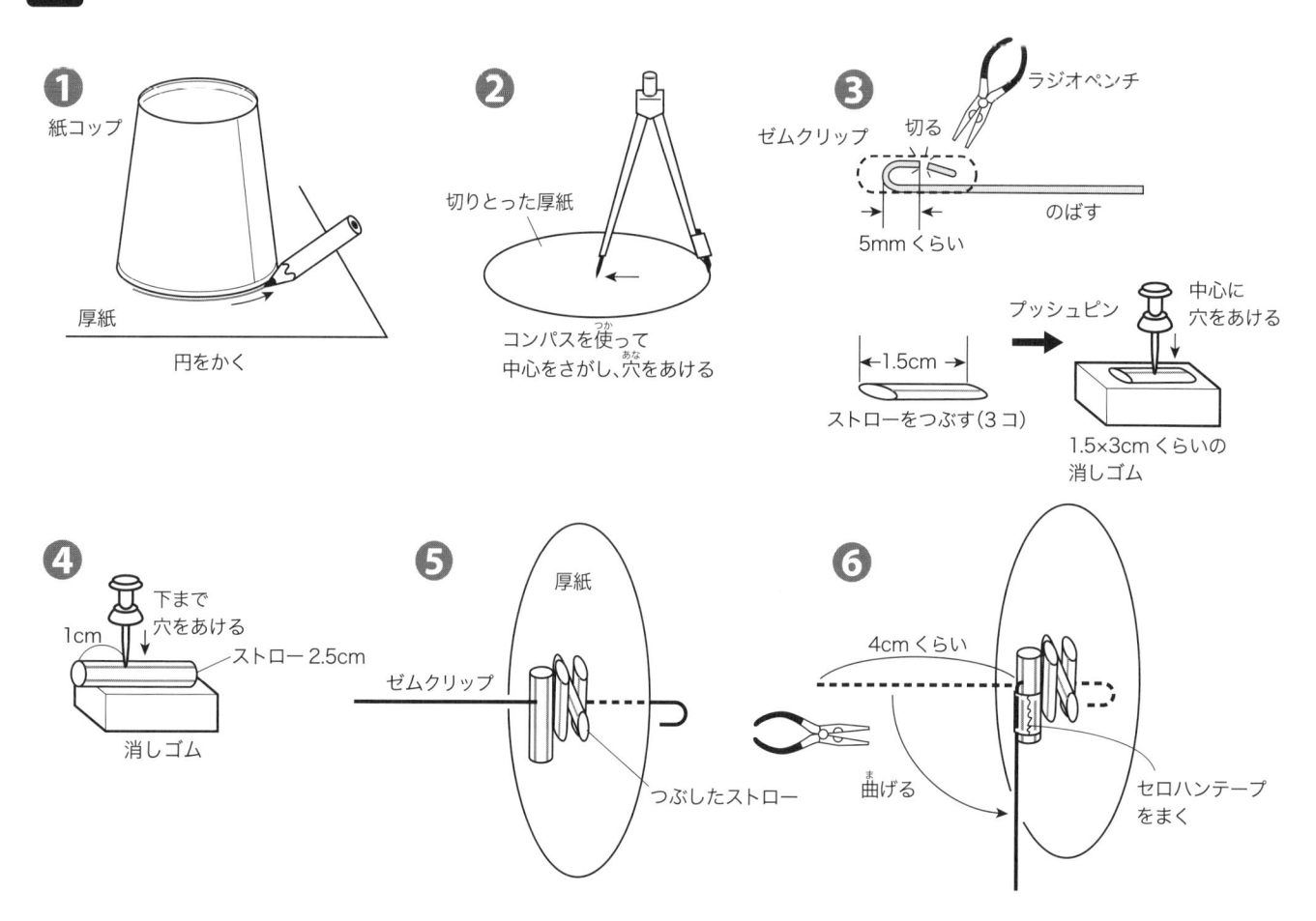

① 紙コップ／厚紙／円をかく

② 切りとった厚紙／コンパスを使って中心をさがし、穴をあける

③ ゼムクリップ／切る／ラジオペンチ／のばす／5mmくらい
ストローをつぶす（3コ）／1.5cm／プッシュピン／中心に穴をあける／1.5×3cmくらいの消しゴム

④ 1cm／下まで穴をあける／ストロー2.5cm／消しゴム

⑤ 厚紙／ゼムクリップ／つぶしたストロー

⑥ 4cmくらい／曲げる／セロハンテープをまく

❼

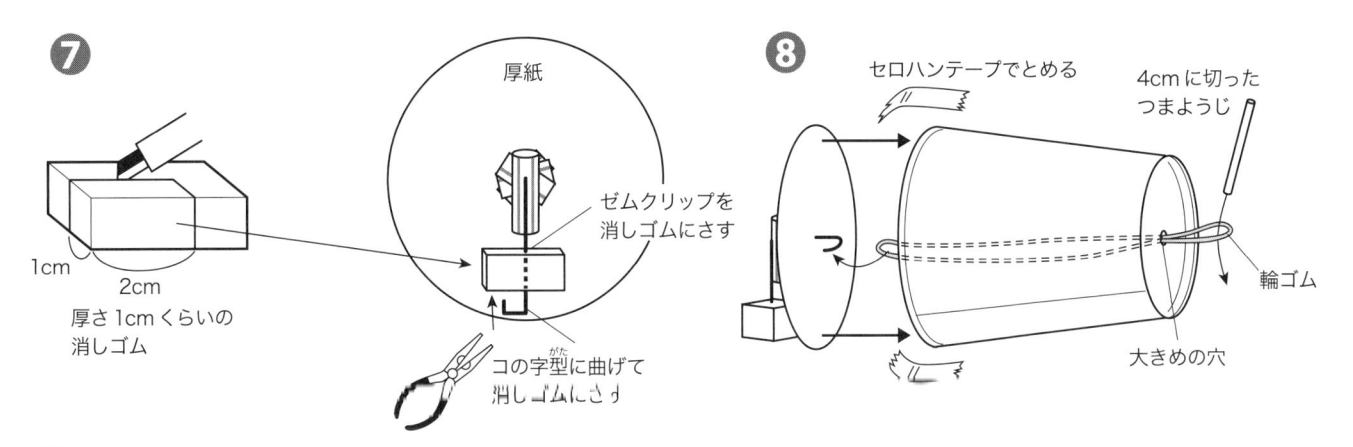

1cm / 2cm
厚さ1cmくらいの消しゴム

厚紙
ゼムクリップを消しゴムにさす
コの字型に曲げて消しゴムにさす

❽ セロハンテープでとめる
4cmに切ったつまようじ
輪ゴム
大きめの穴

2 花をつくる

❶ 6cm / 5cm
花　画用紙(色画用紙)

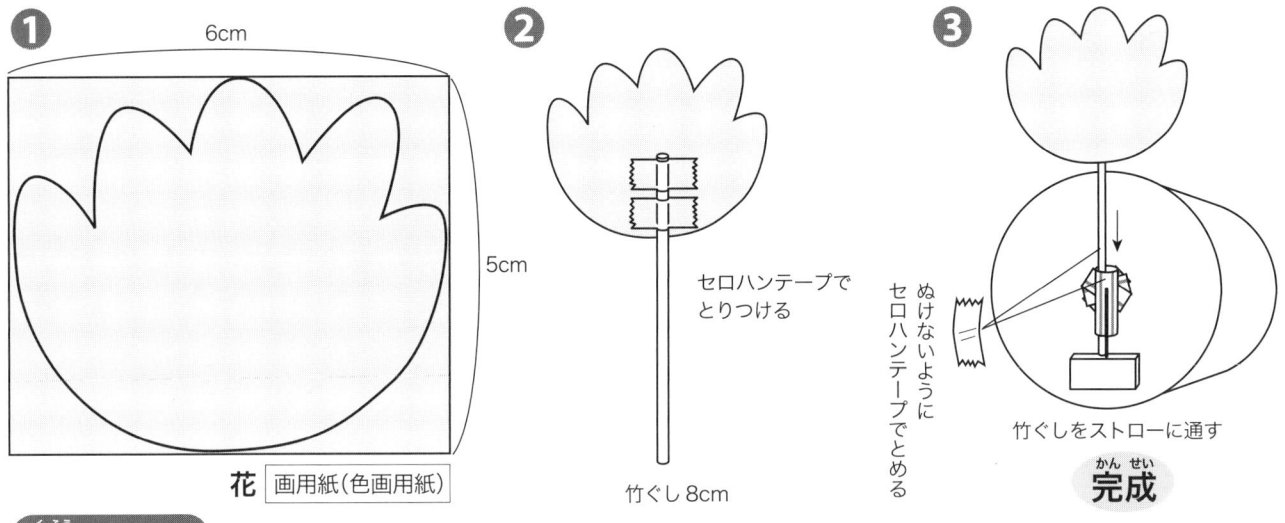

工夫してみよう！
画用紙を使って好きな形の花を作ってアレンジしてみよう！

❷ セロハンテープでとりつける
竹ぐし8cm

❸ ぬけないようにセロハンテープでとめる
竹ぐしをストローに通す
完成

あそび方

つまようじを50〜60回まく

紙コップに好きな絵をかいてね！

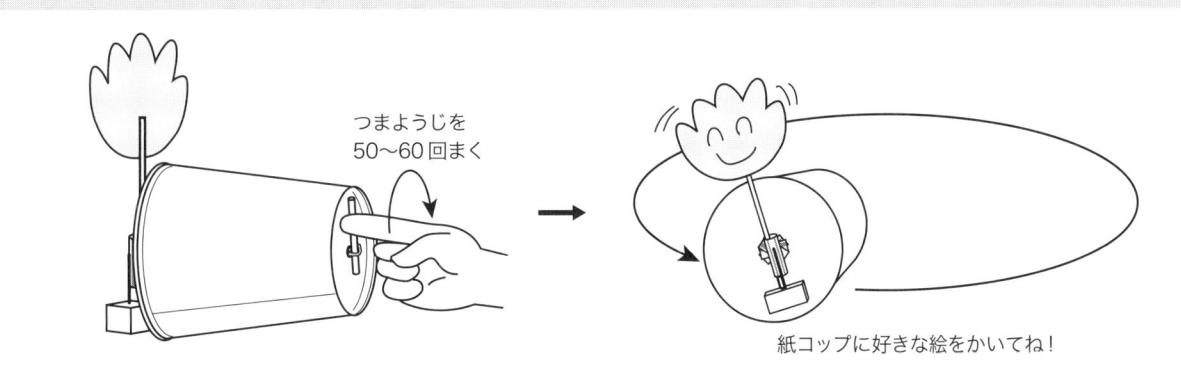

それいけペンギンさん

材料
- 輪ゴム（No.16）…2本
- 曲がるストロー…1本
- 竹ぐし…1本
- ゼムクリップ（小）…1コ
- ビーズ（6mm）…2コ
- 紙コップ…1コ
- 厚紙
- 厚手の画用紙（ケント紙）
- 画用紙
- ダンボール

写真は11ページ

型紙 型紙の使い方は33ページ

E ペンギン　実寸

厚手の画用紙（ケント紙）

顔

のりしろ／はね

はね／のりしろ

くちばし

2つ折りにして切る → ペンギンの顔にはる

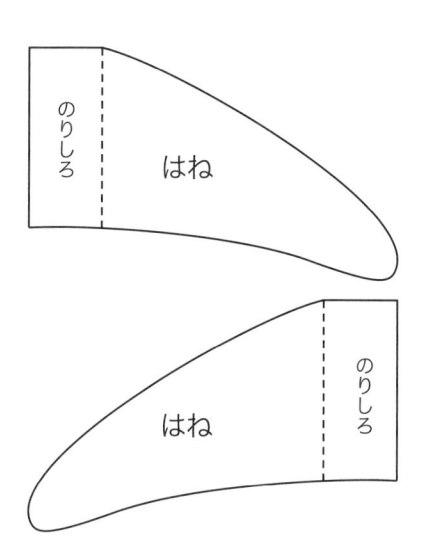

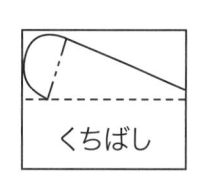

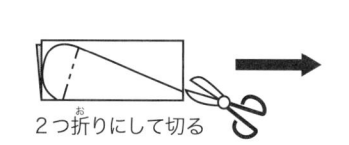

A 足の横板
目の方向
ダンボール
実寸

B 足×2まい
目の方向
ダンボール
実寸

C 厚紙
切りぬく
実寸

工夫してみよう！
このように切るとより動物の足らしくなります
写真のようにかんたんに切ったり、
好きな形に切ったり、アレンジしてみよう！

D 胴体の横板
目の方向
ダンボール
線
実寸

F 恐竜　実寸
厚手の画用紙（ケント紙）

のりしろ　手　のりしろ
のりしろ　手　のりしろ

しっぽ
のりしろ
のりしろ

あたま
のりしろ　山折り
のりしろ　谷折り

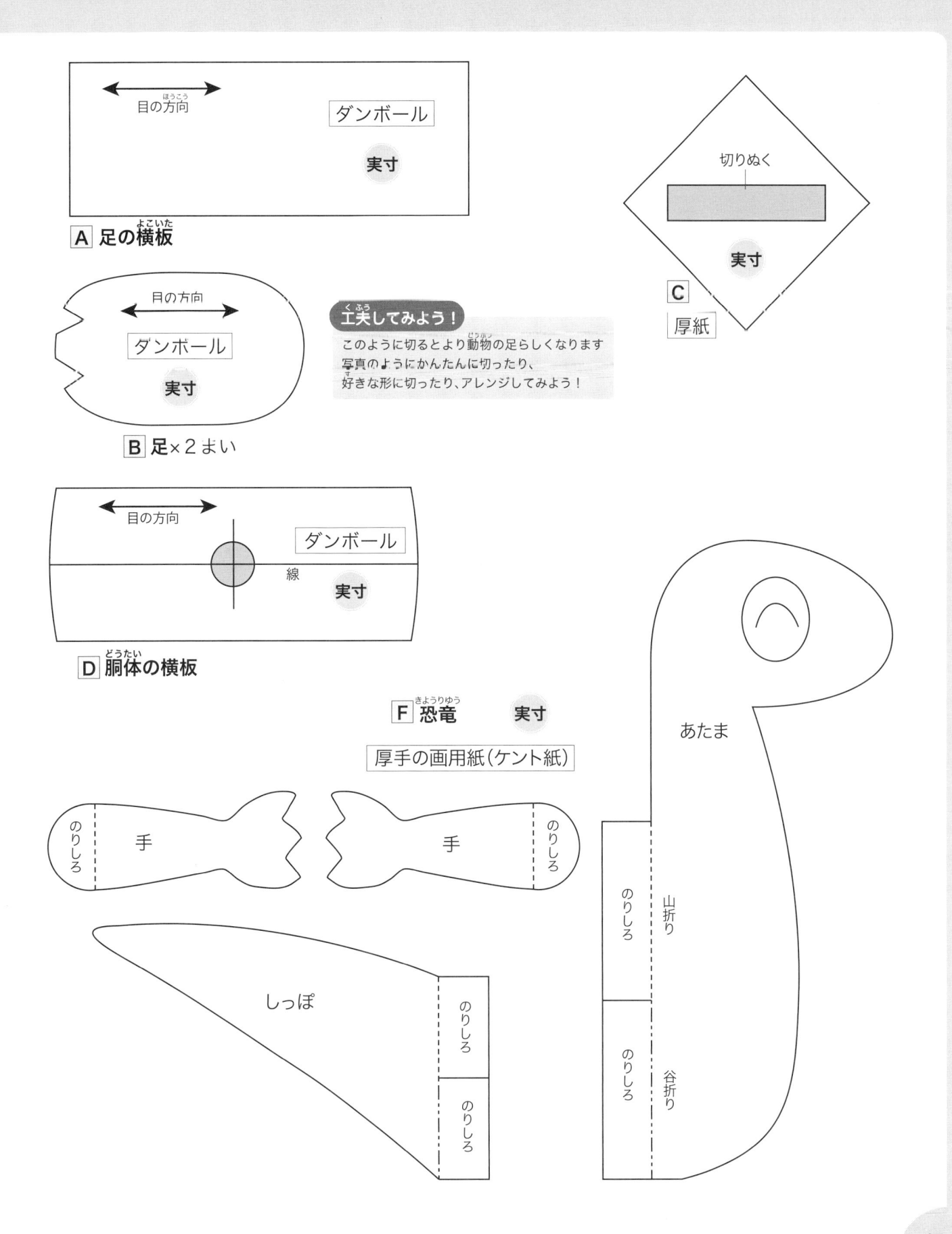

47

つくり方

1 足をつくる

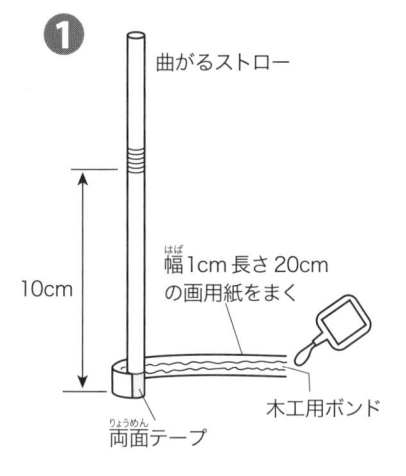

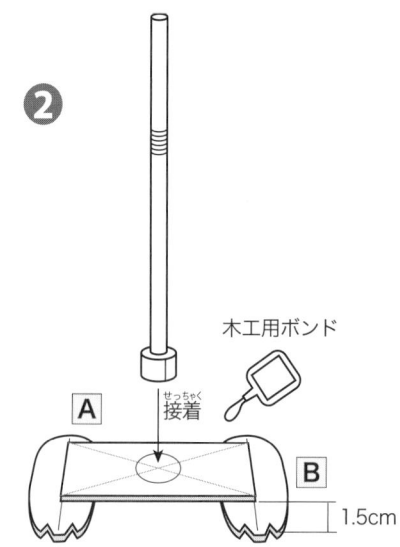

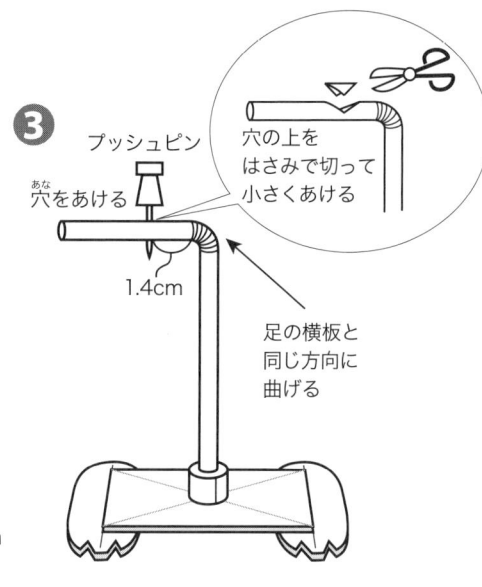

① 曲がるストロー
10cm
幅1cm 長さ20cmの画用紙をまく
木工用ボンド
両面テープ

② 木工用ボンド
接着
A B
1.5cm

③ プッシュピン
穴をあける
穴の上をはさみで切って小さくあける
1.4cm
足の横板と同じ方向に曲げる

2 胴体をつくる

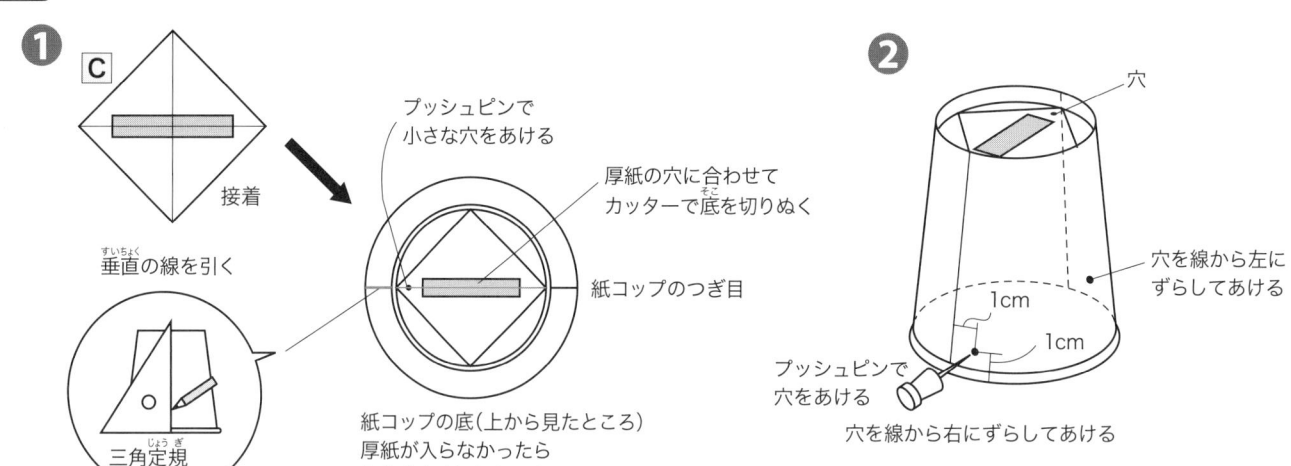

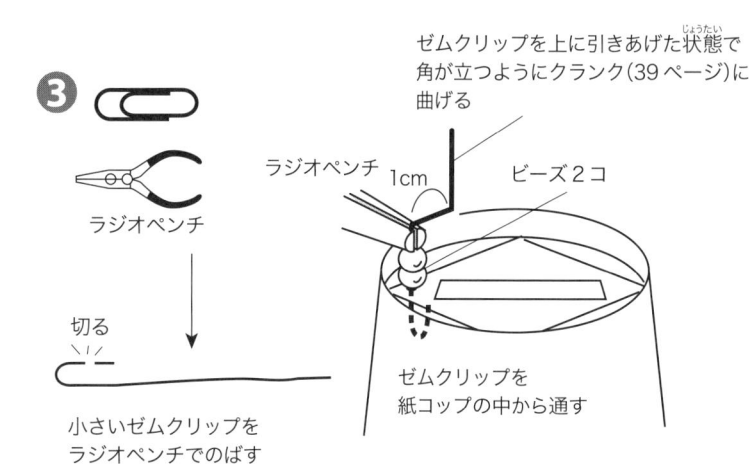

① C
接着
垂直の線を引く
三角定規
プッシュピンで小さな穴をあける
厚紙の穴に合わせてカッターで底を切りぬく
紙コップのつぎ目
紙コップの底（上から見たところ）
厚紙が入らなかったら角を小さく切りおとす

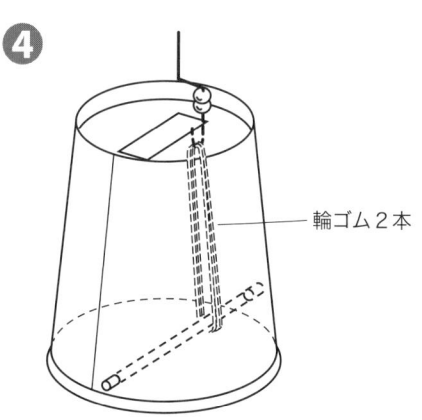

② 穴
穴を線から左にずらしてあける
1cm
1cm
プッシュピンで穴をあける
穴を線から右にずらしてあける

③ ラジオペンチ
切る
小さいゼムクリップをラジオペンチでのばす
ゼムクリップを上に引きあげた状態で角が立つようにクランク（39ページ）に曲げる
1cm
ビーズ2コ
ゼムクリップを紙コップの中から通す

④ 輪ゴム2本
先を切った竹ぐしをプッシュピンであけた穴に通す（接着しない）

3 足と胴体を組み立てる

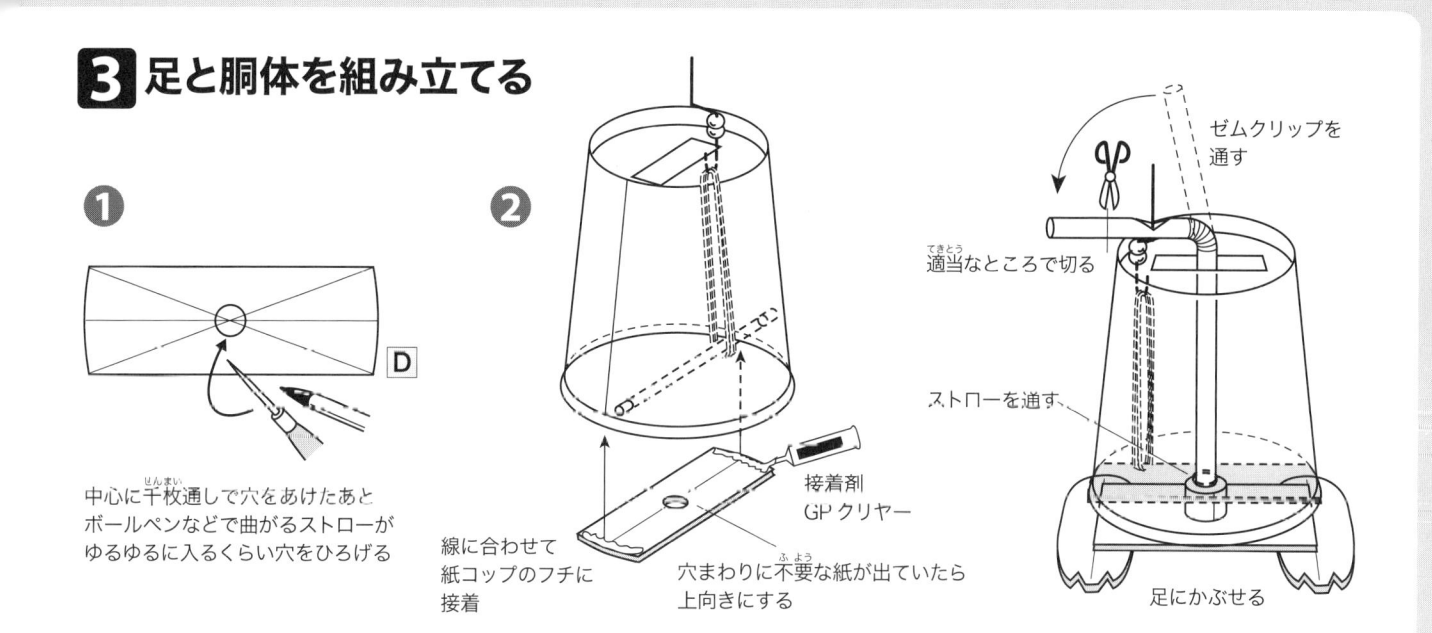

❶
中心に千枚通しで穴をあけたあと
ボールペンなどで曲がるストローが
ゆるゆるに入るくらい穴をひろげる

D

❷
線に合わせて
紙コップのフチに
接着

接着剤
GPクリヤー

穴まわりに不要な紙が出ていたら
上向きにする

ゼムクリップを通す
適当なところで切る
ストローを通す
足にかぶせる

4 好きな動物にする

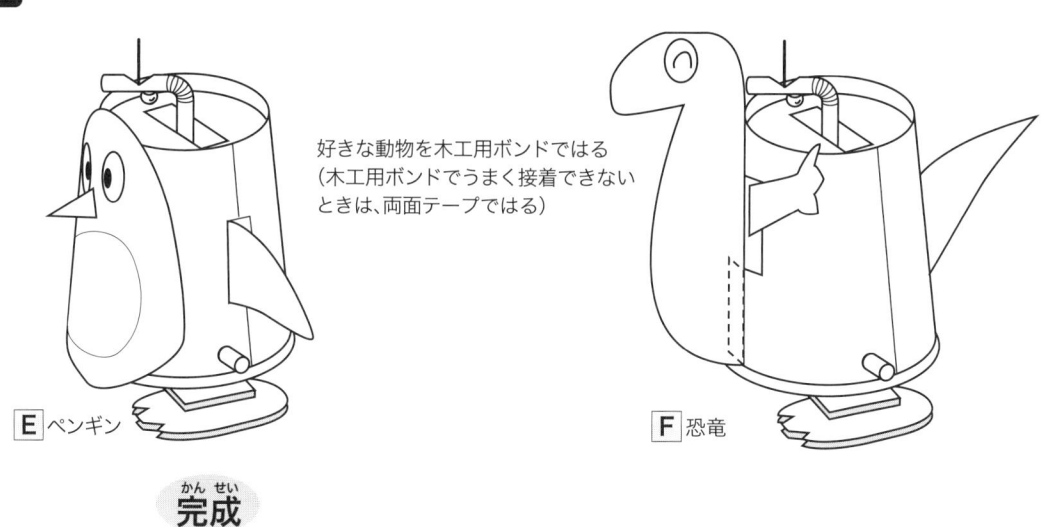

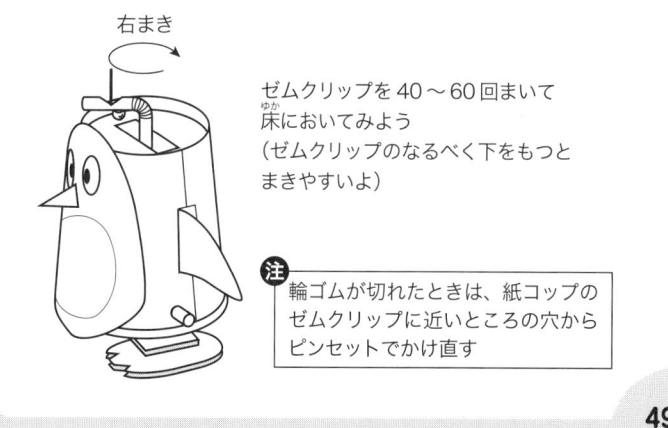

E ペンギン

F 恐竜

好きな動物を木工用ボンドではる
（木工用ボンドでうまく接着できない
ときは、両面テープではる）

完成

あそび方

右まき

ゼムクリップを40〜60回まいて
床においてみよう
（ゼムクリップのなるべく下をもつと
まきやすいよ）

注 輪ゴムが切れたときは、紙コップの
ゼムクリップに近いところの穴から
ピンセットでかけ直す

変身ピエロ

材料
輪ゴム（No.18）…1本
厚紙
厚手の画用紙（ケント紙）
タコ糸

写真は12ページ

型紙 型紙の使い方は33ページ

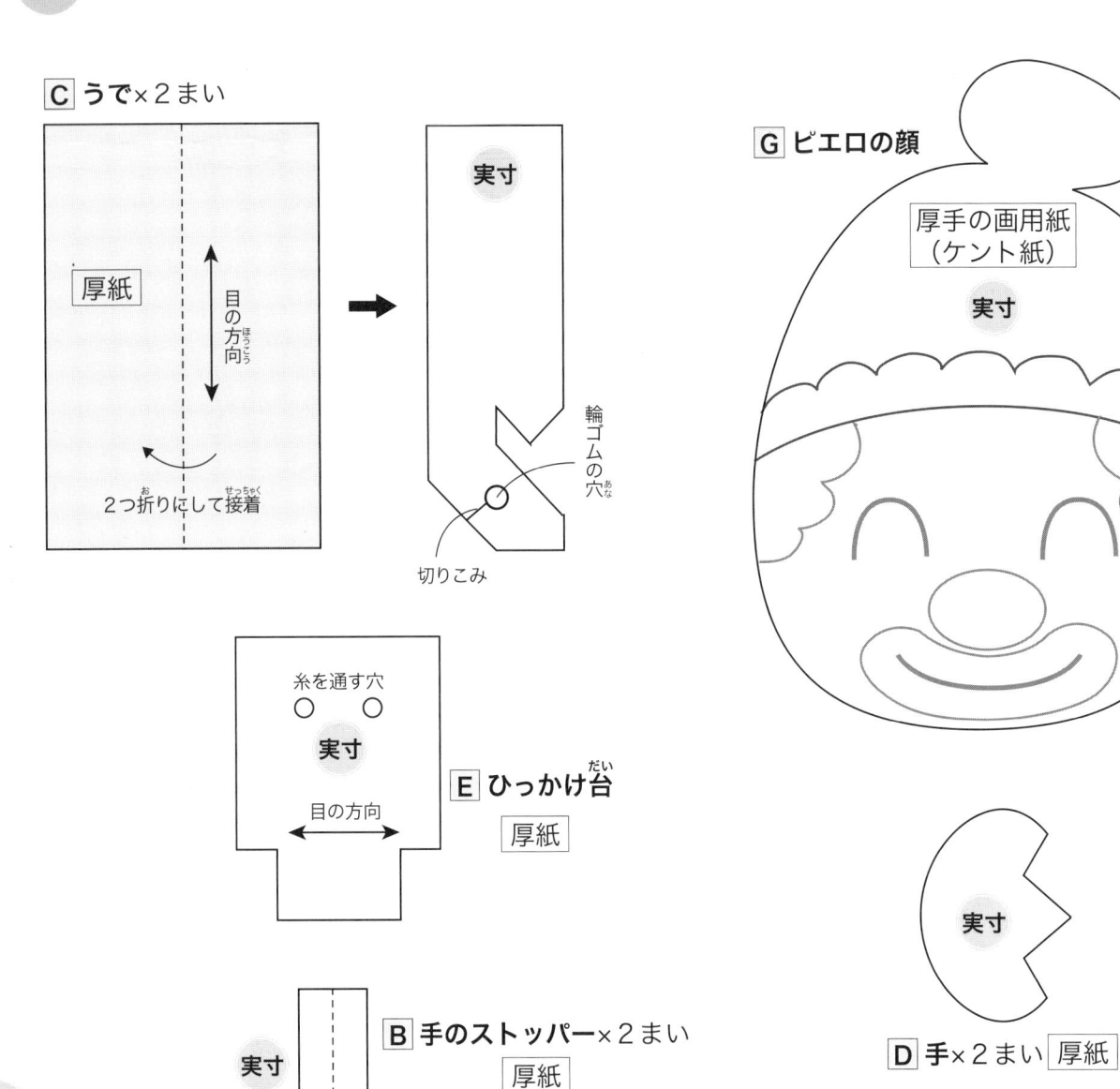

C うで×2まい
厚紙
目の方向
2つ折りにして接着
実寸
輪ゴムの穴
切りこみ

G ピエロの顔
厚手の画用紙（ケント紙）
実寸

糸を通す穴
実寸
目の方向
E ひっかけ台
厚紙

実寸
B 手のストッパー×2まい
厚紙

実寸
D 手×2まい 厚紙

切りぬく

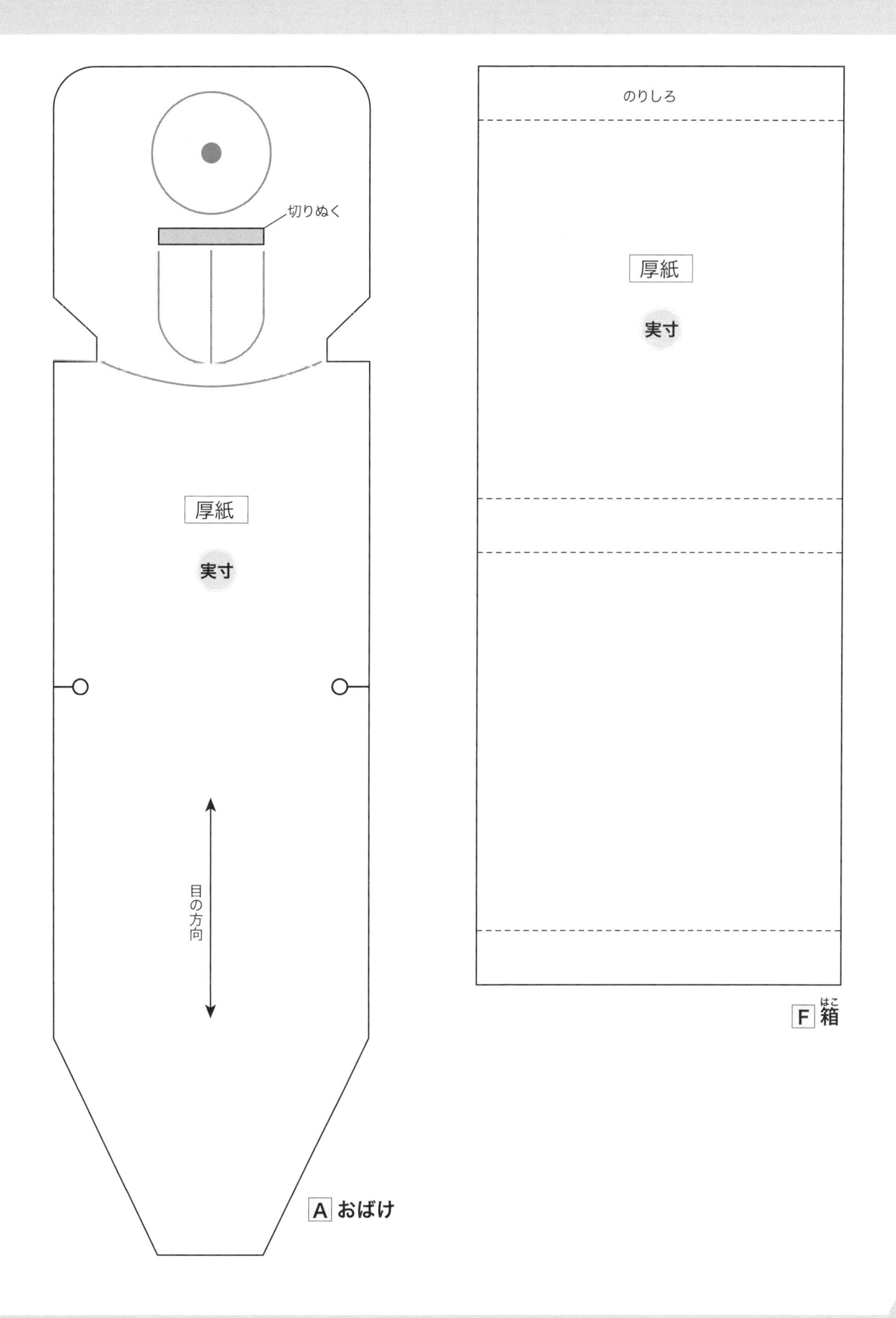

厚紙
実寸

目の方向

A おばけ

のりしろ

厚紙
実寸

F 箱（はこ）

つくり方

1 おばけをつくる

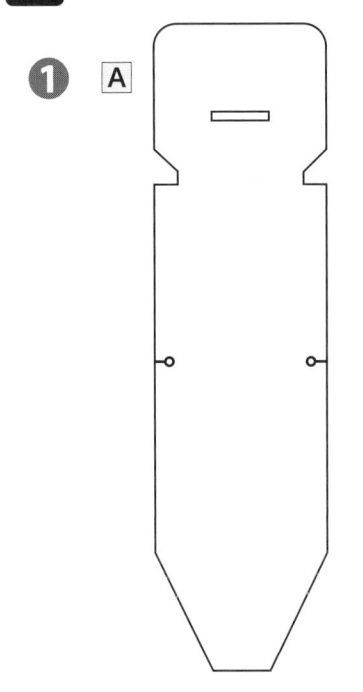

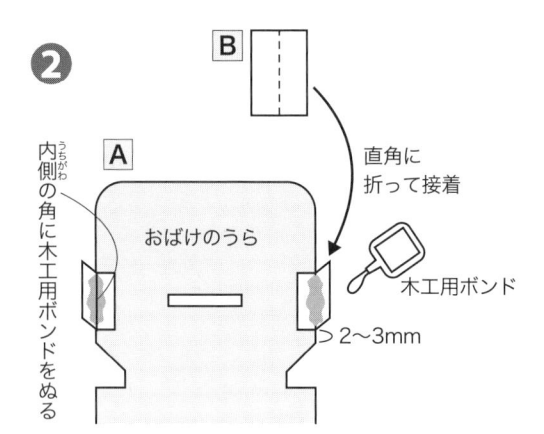

① A

② B 直角に折って接着
木工用ボンド
2〜3mm
A おばけのうら
内側の角に木工用ボンドをぬる

2 うでと手をつける

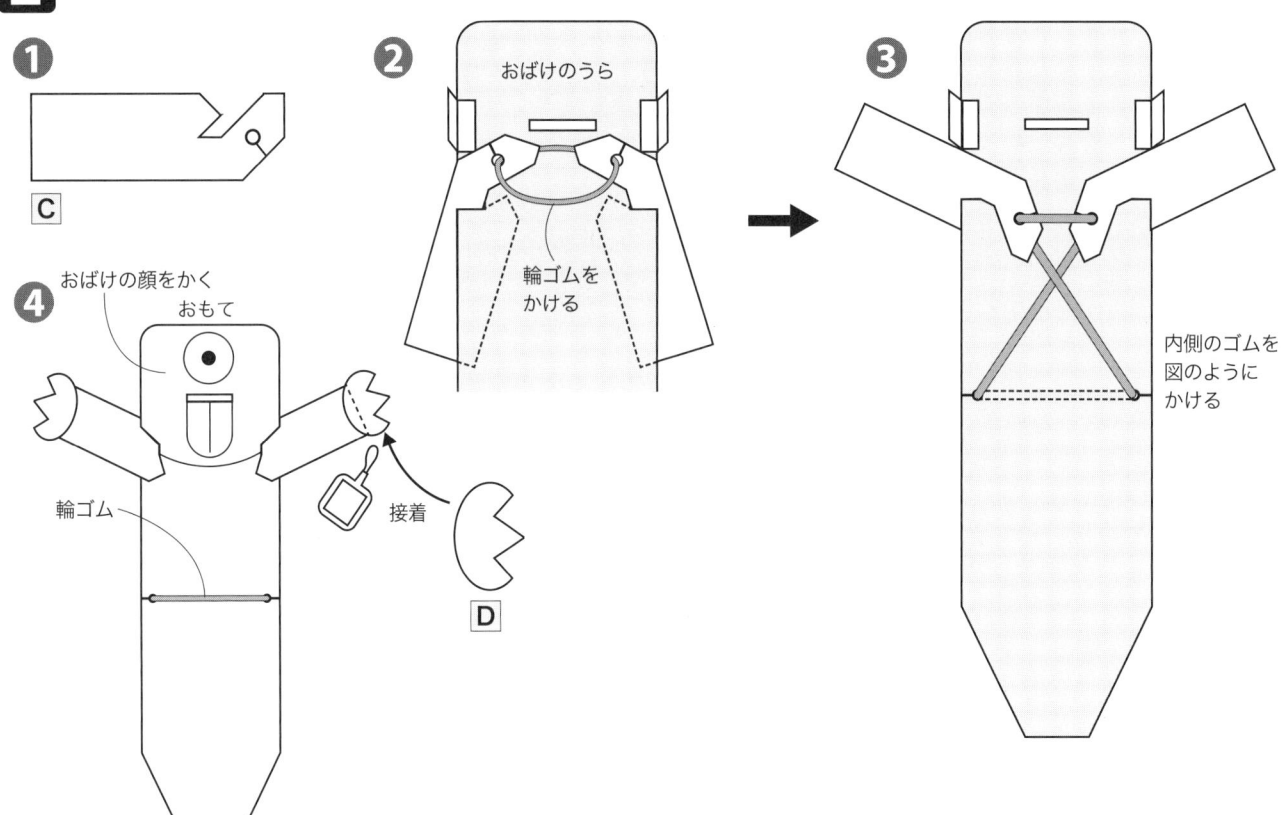

① C

② おばけのうら
輪ゴムをかける

③ 内側のゴムを図のようにかける

④ おばけの顔をかく
おもて
輪ゴム
接着
D

3 箱をつくって、ピエロの顔をつける

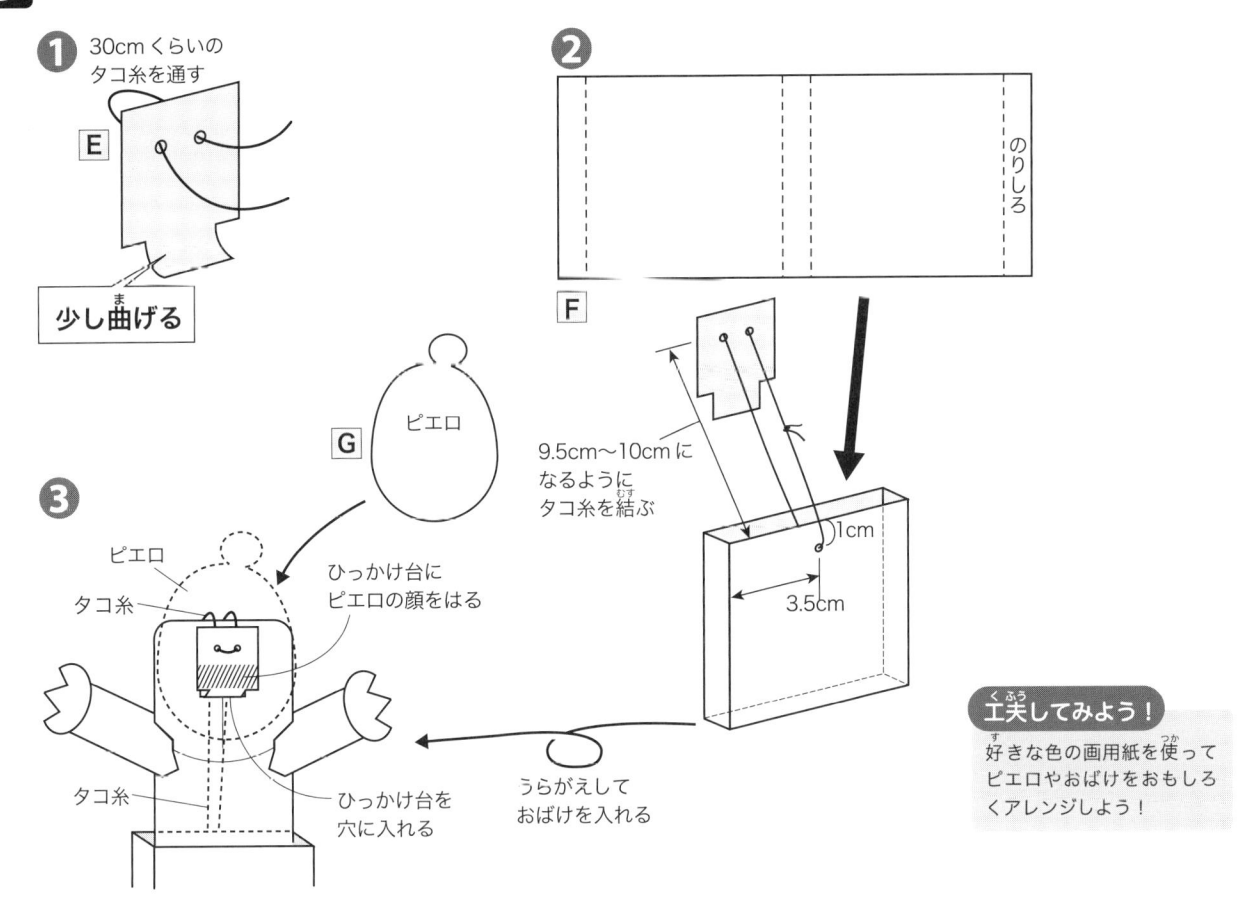

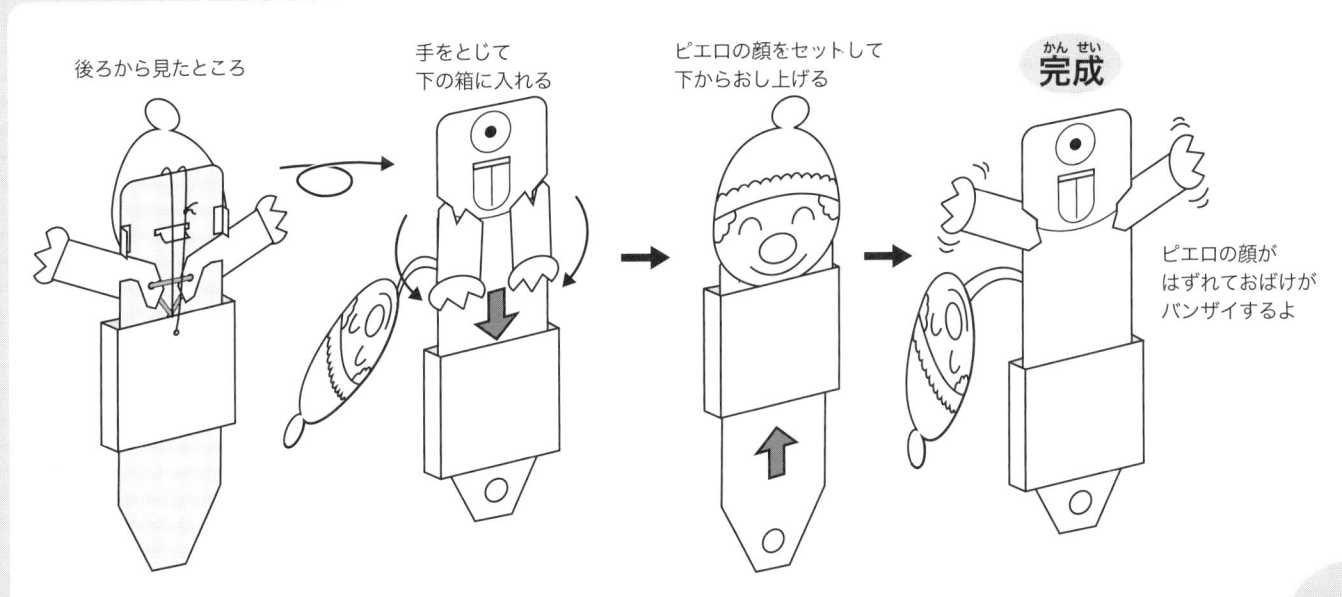

① 30cmくらいの
タコ糸を通す

E

少し曲げる

② のりしろ

F

9.5cm〜10cmに
なるように
タコ糸を結ぶ

1cm
3.5cm

G ピエロ

③
- ピエロ
- タコ糸
- タコ糸
- ひっかけ台にピエロの顔をはる
- ひっかけ台を穴に入れる
- うらがえしておばけを入れる

工夫してみよう！
好きな色の画用紙を使ってピエロやおばけをおもしろくアレンジしよう！

あそび方

後ろから見たところ → 手をとじて下の箱に入れる → ピエロの顔をセットして下からおし上げる → **完成**

ピエロの顔がはずれておばけがバンザイするよ

カエルの貯金箱

材料
輪ゴム（No.18）…1本　　厚紙
竹ぐし…2本　　画用紙（色画用紙）

写真は13ページ

型紙　型紙の使い方は33ページ

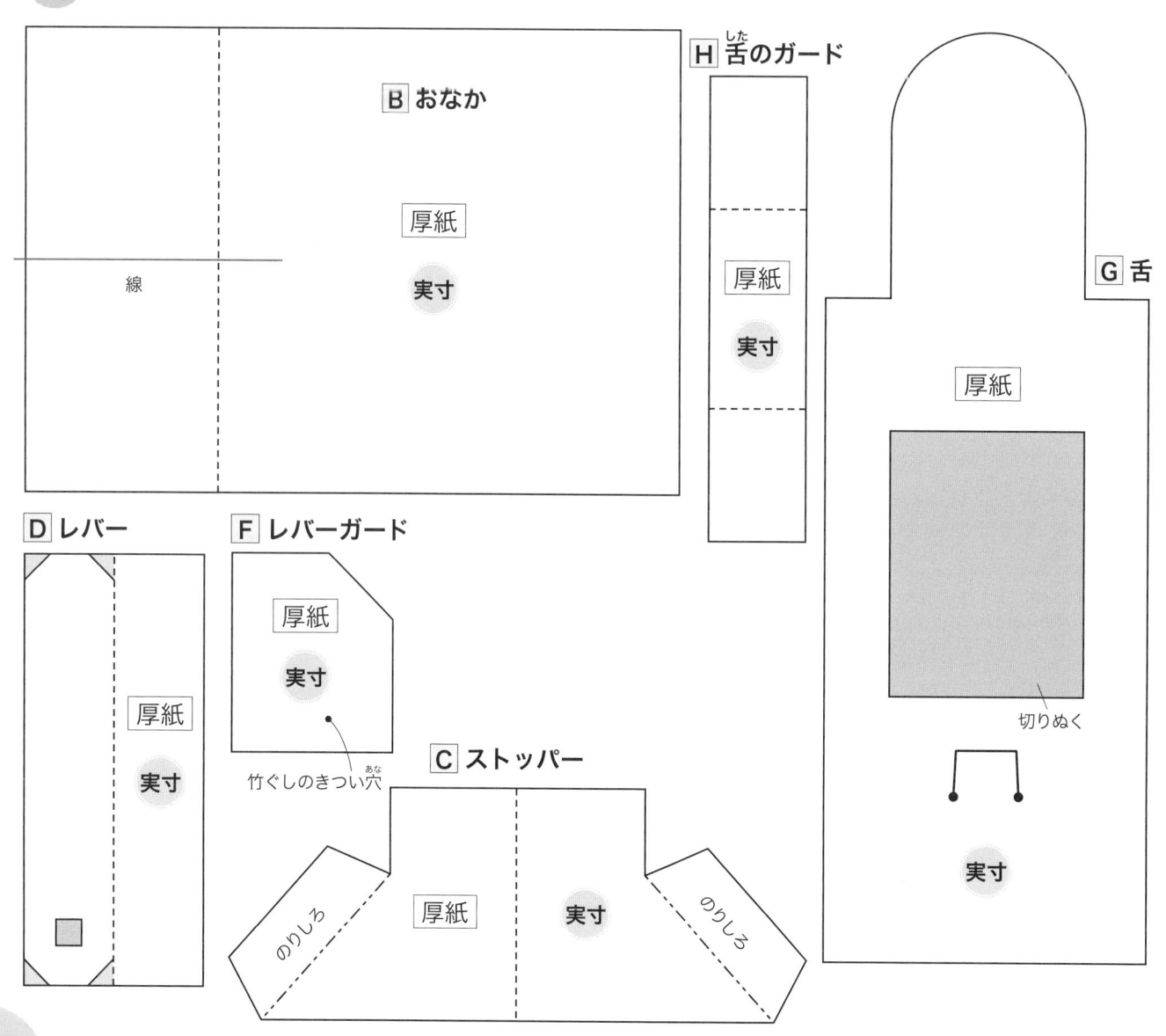

B おなか　厚紙　実寸
線

H 舌のガード　厚紙　実寸

G 舌　厚紙　実寸　切りぬく

D レバー　厚紙　実寸

F レバーガード　厚紙　実寸
竹ぐしのきつい穴

C ストッパー　のりしろ　厚紙　実寸　のりしろ

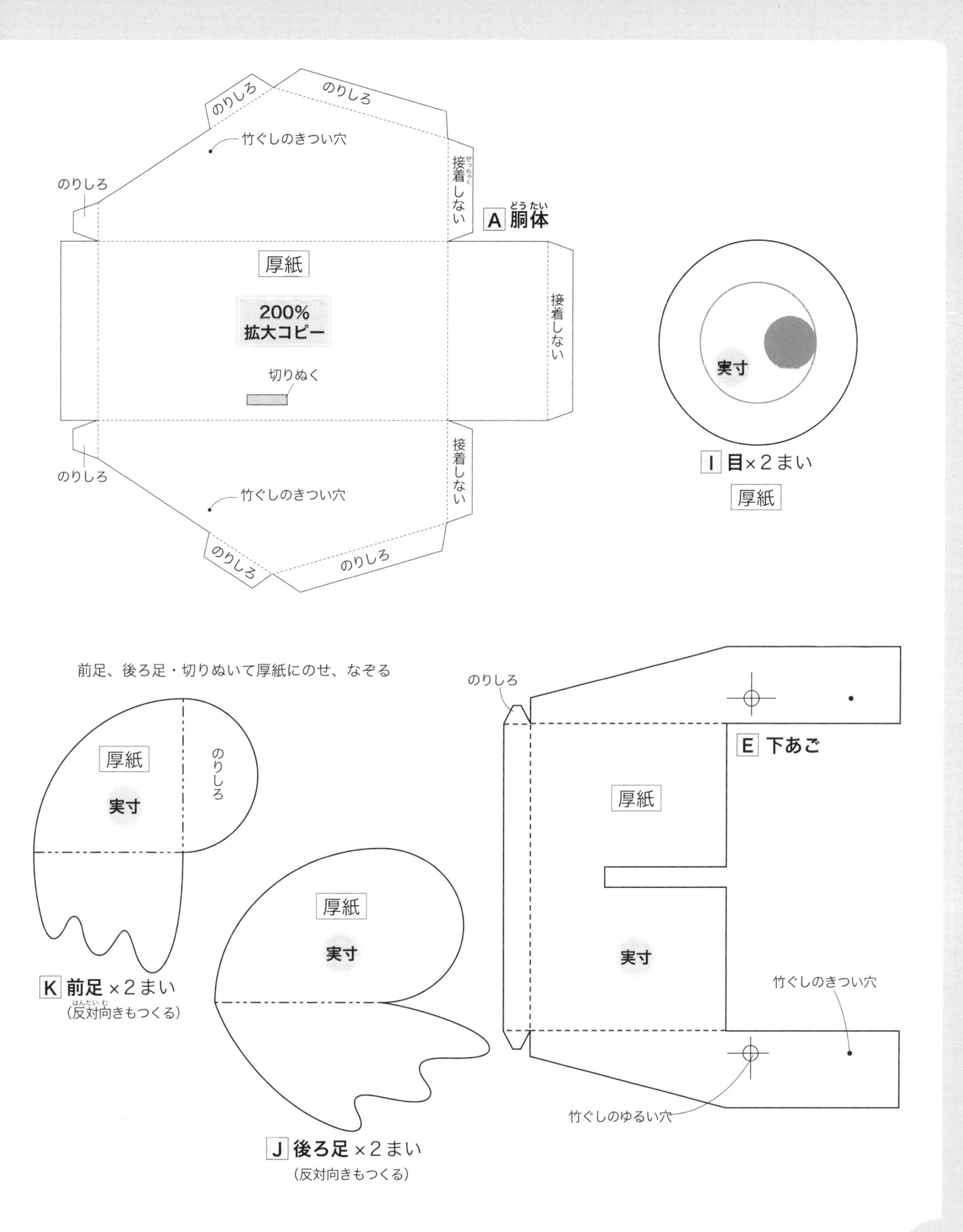

のりしろ　のりしろ
竹ぐしのきつい穴
のりしろ
接着しない
A 胴体
厚紙
200%拡大コピー
接着しない
切りぬく
実寸
I 目×2まい
厚紙
接着しない
のりしろ
竹ぐしのきつい穴
のりしろ　のりしろ

前足、後ろ足・切りぬいて厚紙にのせ、なぞる

厚紙
実寸
のりしろ

K 前足×2まい
（反対向きもつくる）

厚紙
実寸

J 後ろ足×2まい
（反対向きもつくる）

のりしろ
E 下あご
厚紙
実寸
竹ぐしのきつい穴
竹ぐしのゆるい穴

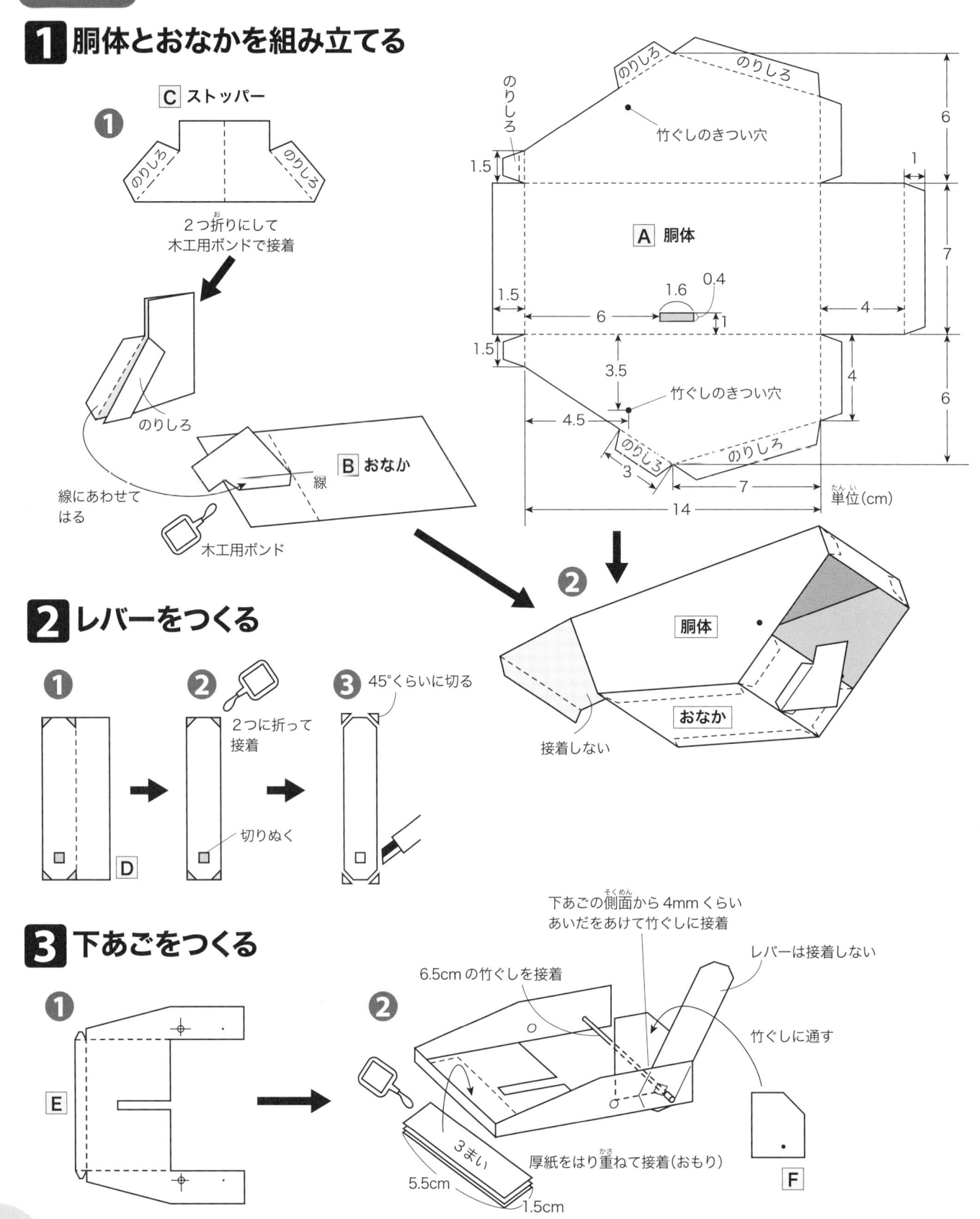

つくり方

1 胴体とおなかを組み立てる

C ストッパー

① 2つ折りにして木工用ボンドで接着

のりしろ

線にあわせてはる

B おなか

木工用ボンド

A 胴体

竹ぐしのきつい穴

のりしろ

1.5 / 6 / 7 / 1 / 4 / 6 / 1.5 / 6 / 1.6 / 0.4 / 1 / 3.5 / 4 / 4.5 / 3 / 7 / 14

単位(cm)

② 胴体 / おなか / 接着しない

2 レバーをつくる

① ② 2つに折って接着 ③ 45°くらいに切る

D

切りぬく

3 下あごをつくる

① E

② 6.5cmの竹ぐしを接着

下あごの側面から4mmくらいあいだをあけて竹ぐしに接着

レバーは接着しない

竹ぐしに通す

3まい / 5.5cm / 1.5cm

厚紙をはり重ねて接着(おもり)

F

56

4 舌をつくる

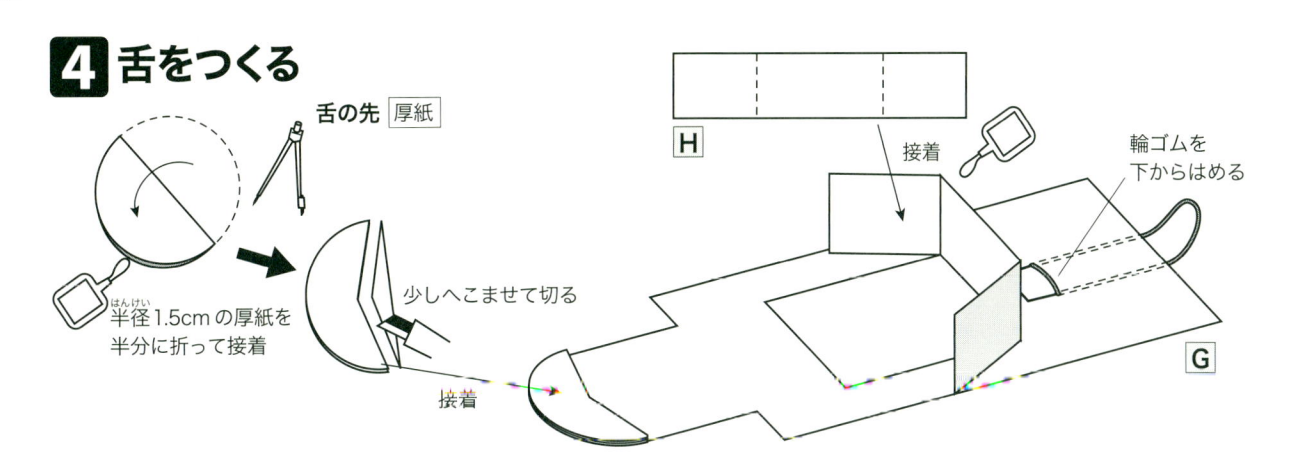

舌の先 厚紙

半径1.5cmの厚紙を半分に折って接着

少しへこませて切る

接着

H 接着

輪ゴムを下からはめる

G

5 すべてのパーツを組み立てる

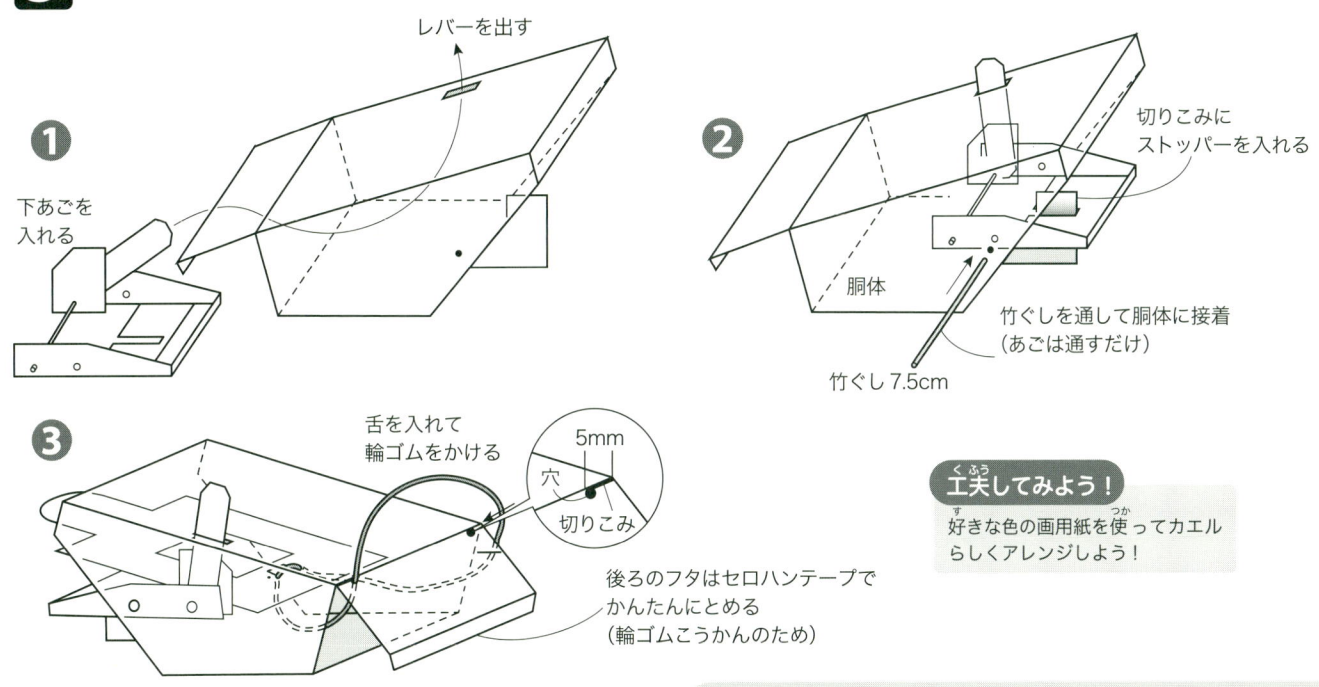

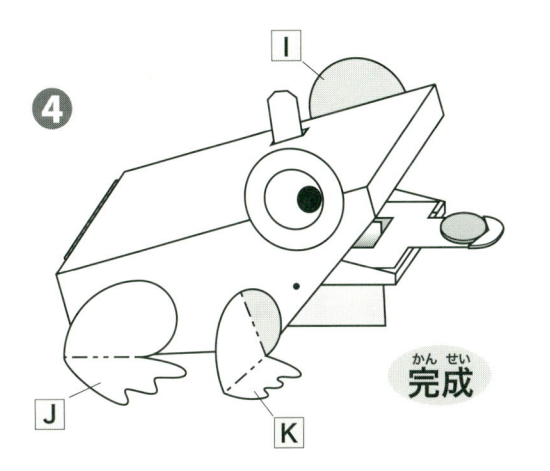

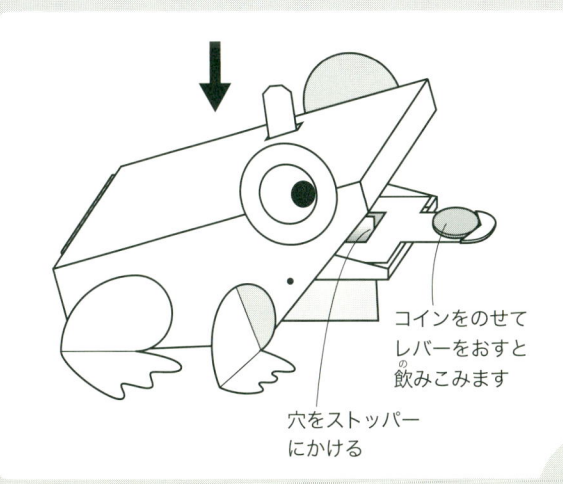

① レバーを出す / 下あごを入れる

② 切りこみにストッパーを入れる / 胴体 / 竹ぐしを通して胴体に接着（あごは通すだけ）/ 竹ぐし7.5cm

③ 舌を入れて輪ゴムをかける / 5mm 穴 切りこみ / 後ろのフタはセロハンテープでかんたんにとめる（輪ゴムこうかんのため）

工夫してみよう！
好きな色の画用紙を使ってカエルらしくアレンジしよう！

④ I / J / K

完成

あそび方

コインをのせてレバーをおすと飲みこみます

穴をストッパーにかける

スピードレースカー

材料
- 輪ゴム（No.18）… 1本
- ゼムクリップ（小）… 1本
- 太いストロー … 1本
- 細いストロー … 1本
- 竹ぐし … 4本
- 手芸糸
- タコ糸
- 厚紙
- ダンボール
- 画用紙（色画用紙）

写真は14ページ

型紙 型紙の使い方は33ページ

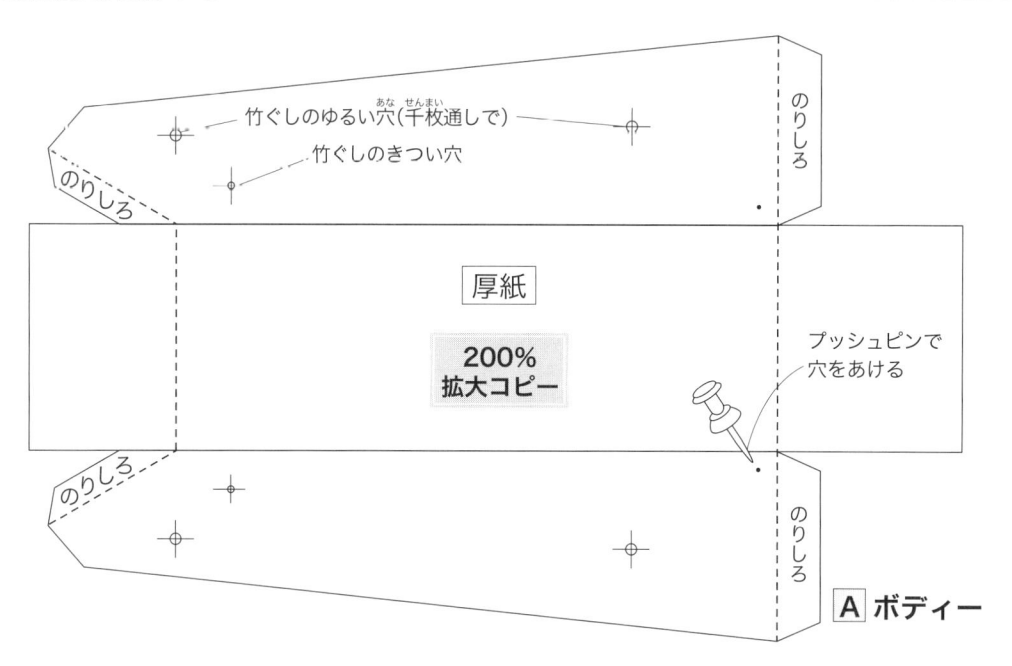

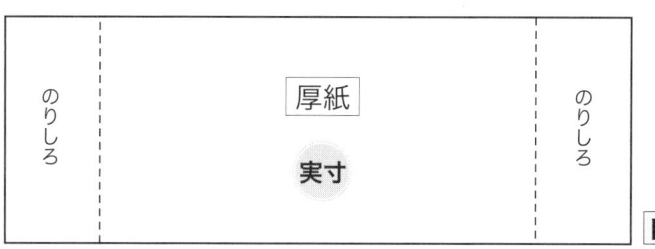

竹ぐしのゆるい穴（千枚通しで）
竹ぐしのきつい穴

厚紙
200% 拡大コピー

プッシュピンで穴をあける

のりしろ

A ボディー

厚紙
実寸

のりしろ

B 輪ゴムガード

[C] ウイング 厚紙 実寸

[D] ウイング支え

のりしろ 折らない のりしろ

のりしろ 折らない のりしろ

[E] まど 画用紙（色画用紙）
上
実寸
下

[F] 座席 画用紙（色画用紙）
実寸

ボディーにこのようにはる

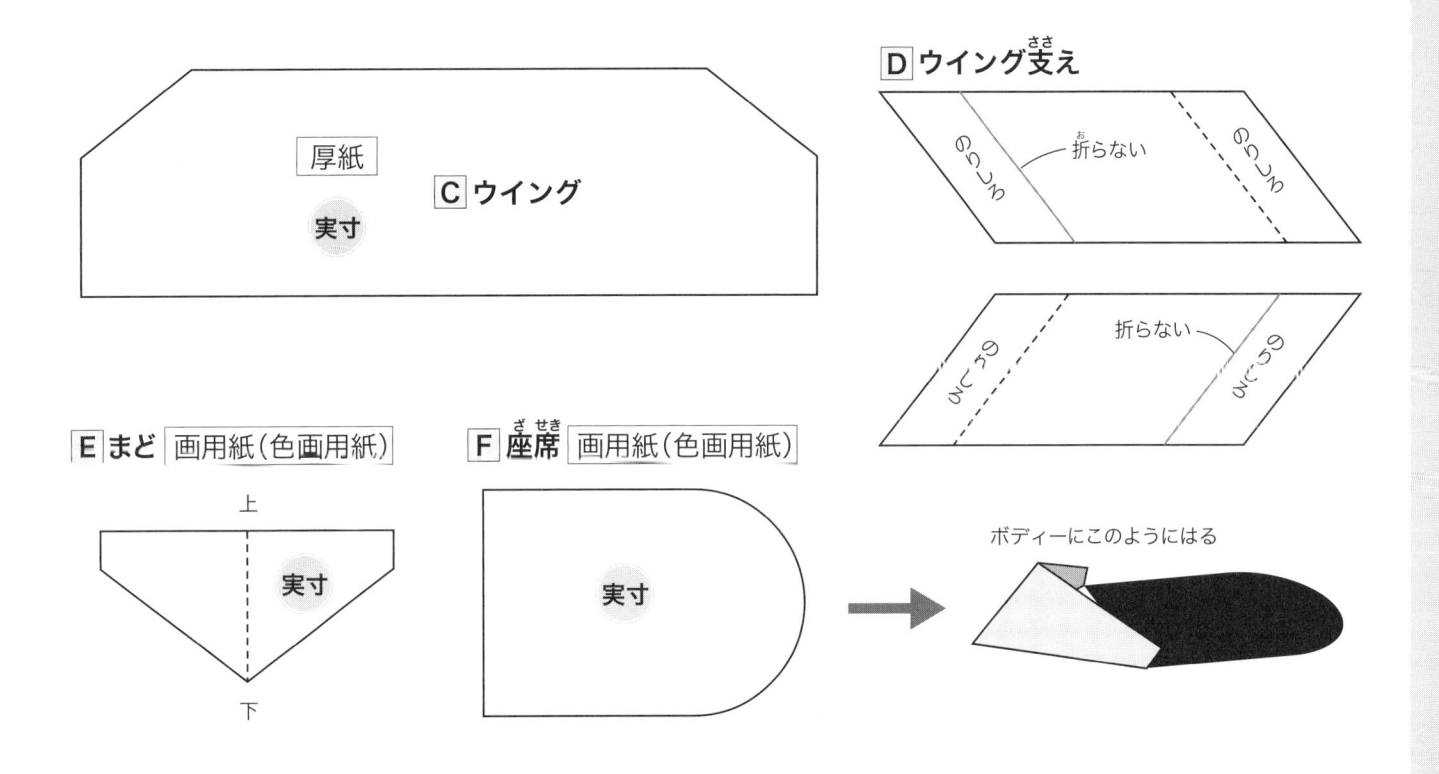

つくり方

1 ボディーをつくる

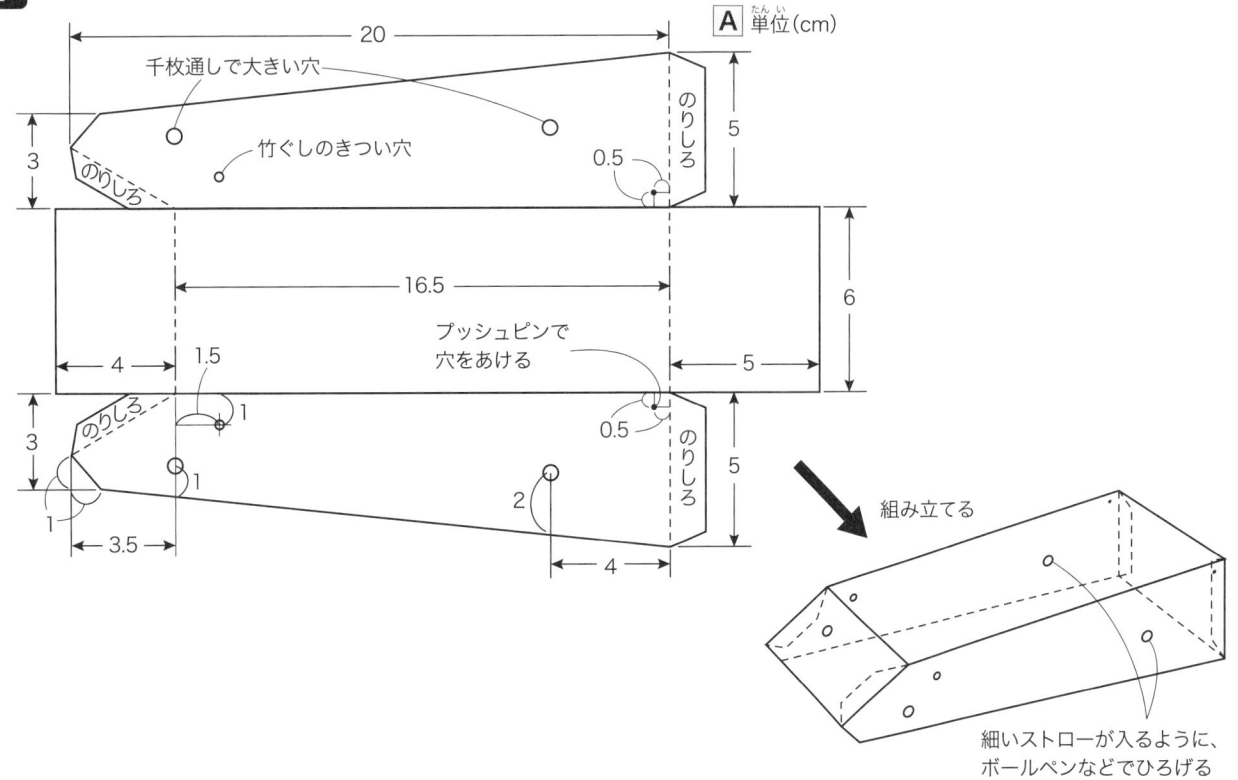

[A] 単位(cm)

20
千枚通しで大きい穴
竹ぐしのきつい穴
のりしろ
3
のりしろ
0.5
5
16.5
6
プッシュピンで穴をあける
4
1.5
1
0.5
のりしろ
5
3
のりしろ
1
1
3.5
2
4

組み立てる

細いストローが入るように、ボールペンなどでひろげる

2 前タイヤをつける

前タイヤ×2まい
補強用×1まい [ダンボール]

半径2cm

後ろタイヤ×2まい [ダンボール]

半径4cm

中心に竹ぐしのきつい穴をあける

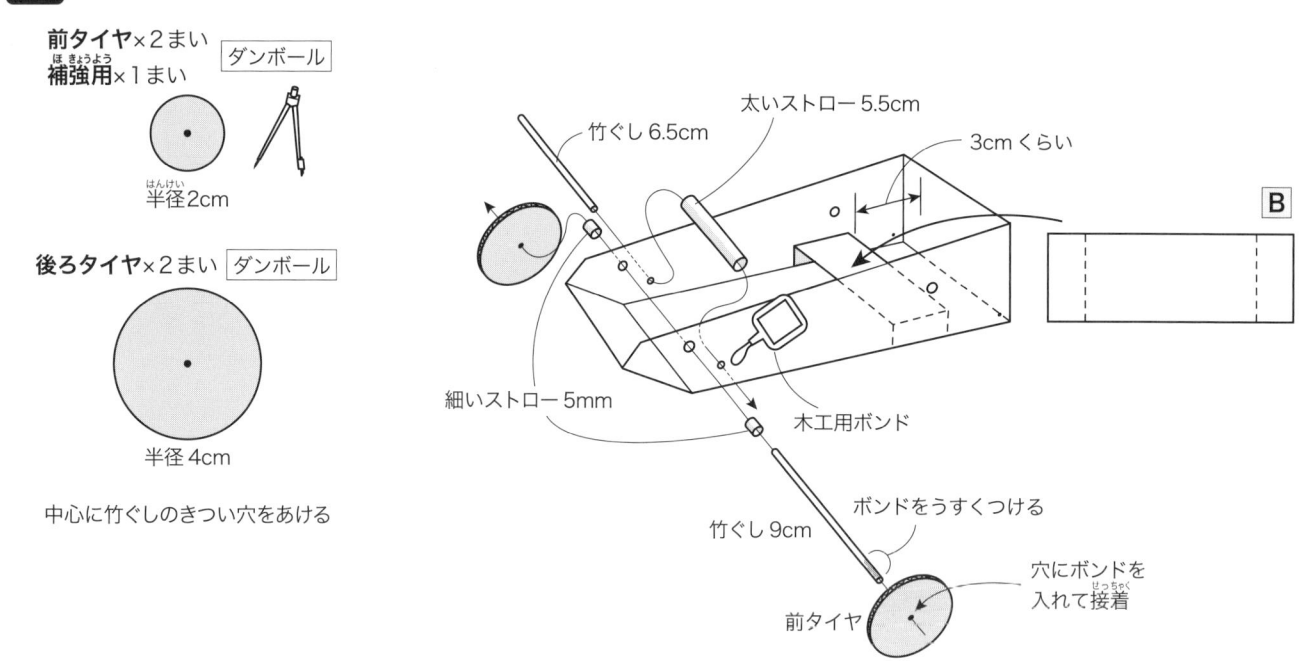

- 竹ぐし 6.5cm
- 太いストロー 5.5cm
- 3cmくらい
- 細いストロー 5mm
- 木工用ボンド
- 竹ぐし 9cm
- ボンドをうすくつける
- 前タイヤ
- 穴にボンドを入れて接着
- B

3 後ろタイヤと輪ゴムの動力をつける

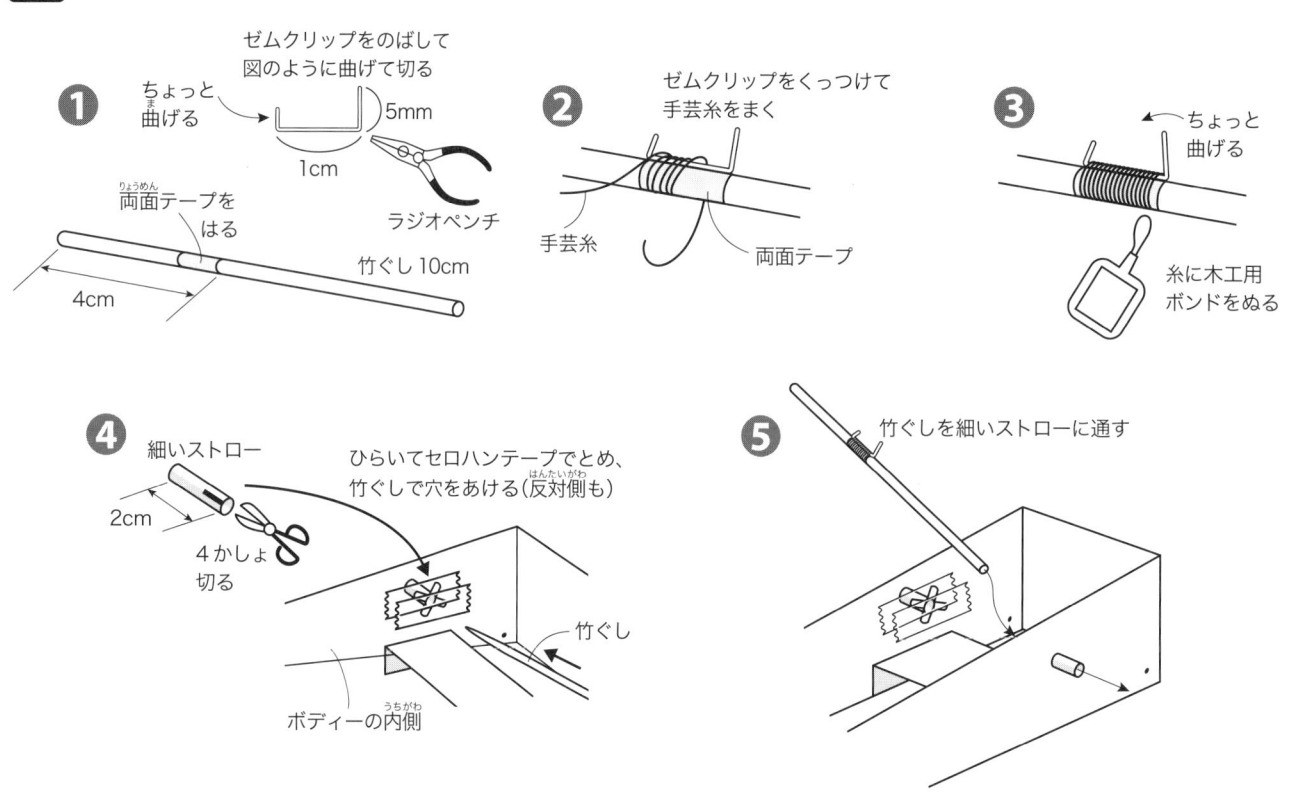

① ちょっと曲げる / ゼムクリップをのばして図のように曲げて切る / 5mm / 1cm / ラジオペンチ
両面テープをはる / 4cm / 竹ぐし 10cm

② ゼムクリップをくっつけて手芸糸をまく / 手芸糸 / 両面テープ

③ ちょっと曲げる / 糸に木工用ボンドをぬる

④ 細いストロー / 2cm / 4かしょ切る / ひらいてセロハンテープでとめ、竹ぐしで穴をあける（反対側も）/ 竹ぐし / ボディーの内側

⑤ 竹ぐしを細いストローに通す

❻

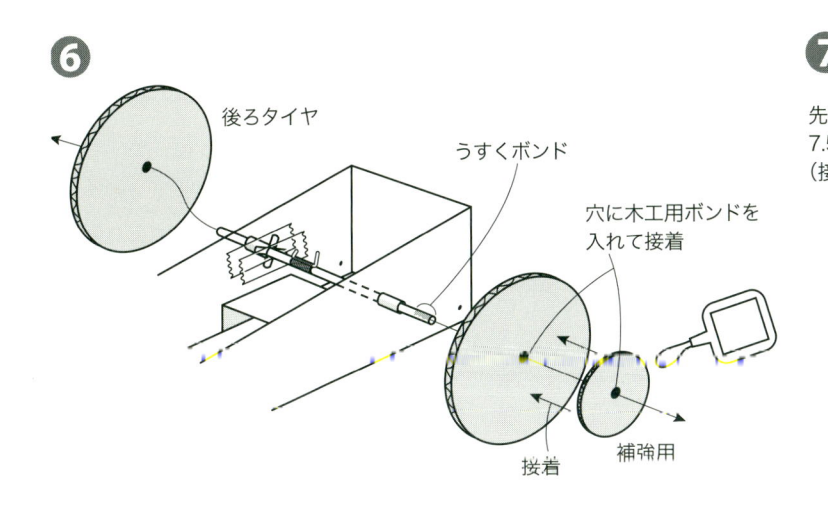

- 後ろタイヤ
- うすくボンド
- 穴に木工用ボンドを入れて接着
- 接着
- 補強用

❼

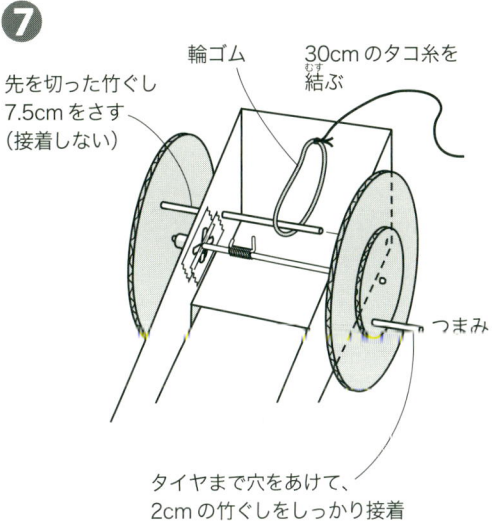

- 先を切った竹ぐし7.5cmをさす（接着しない）
- 輪ゴム
- 30cmのタコ糸を結ぶ
- つまみ
- タイヤまで穴をあけて、2cmの竹ぐしをしっかり接着

❽

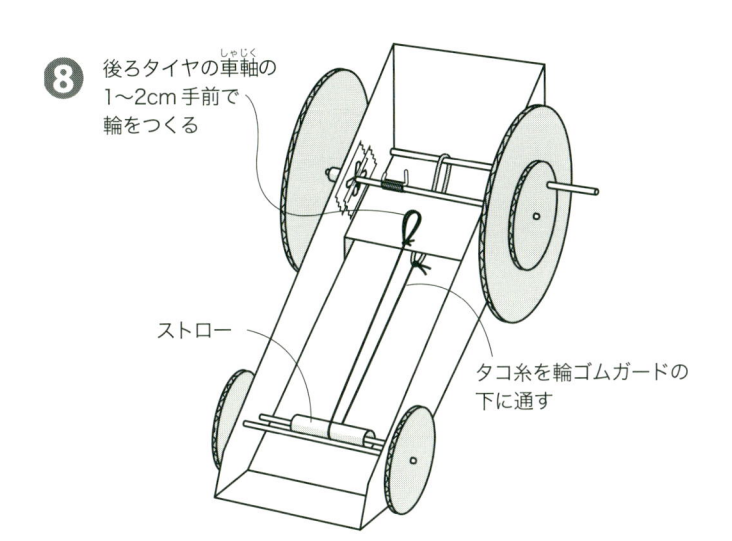

- 後ろタイヤの車軸の1〜2cm手前で輪をつくる
- ストロー
- タコ糸を輪ゴムガードの下に通す

❾

- C
- D
- F
- E
- ウイングや座席などをつけよう

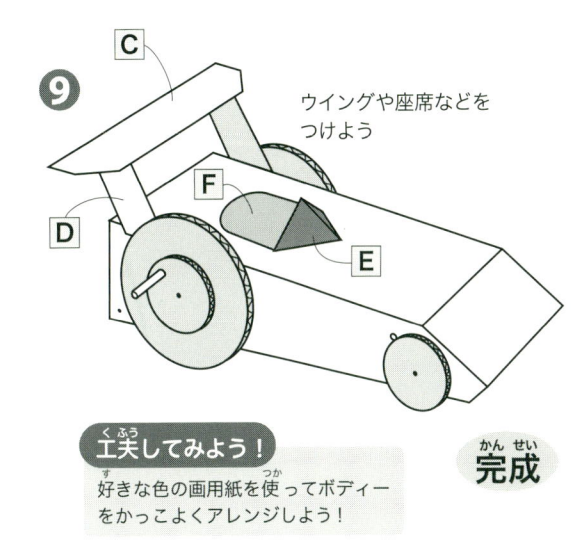

工夫してみよう！
好きな色の画用紙を使ってボディーをかっこよくアレンジしよう！

完成

あそび方

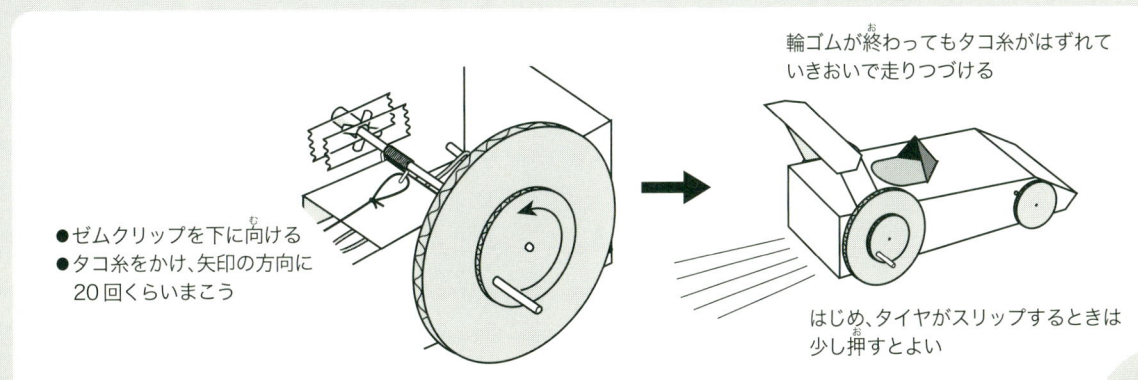

- ゼムクリップを下に向ける
- タコ糸をかけ、矢印の方向に20回くらいまこう

輪ゴムが終わってもタコ糸がはずれていきおいで走りつづける

はじめ、タイヤがスリップするときは少し押すとよい

61

パッチンプレート

材料
輪ゴム（No.16）…1本　　画用紙（色画用紙）
厚紙

写真は17ページ

型紙　型紙の使い方は33ページ

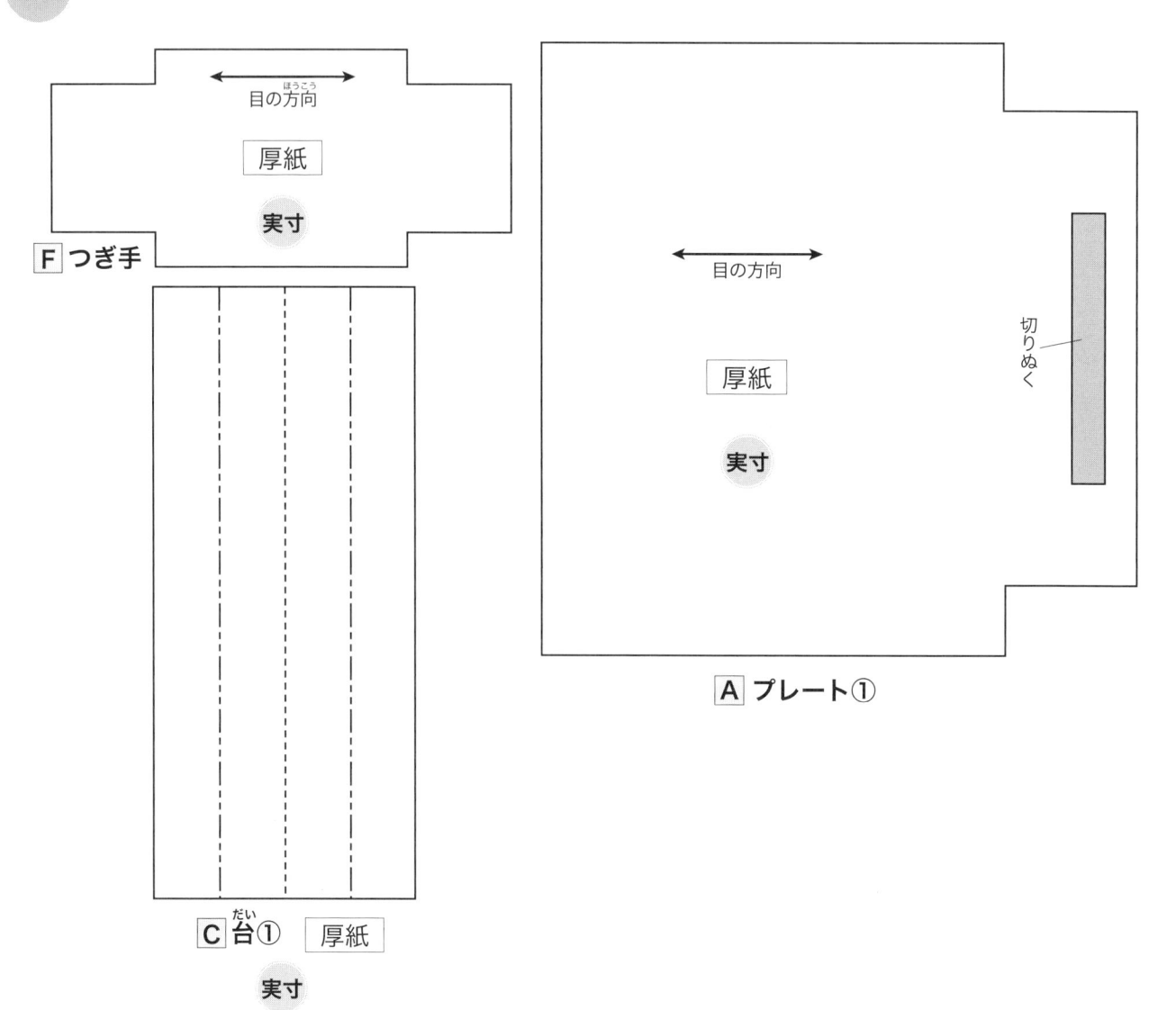

目の方向
厚紙
実寸
F つぎ手

目の方向
厚紙
実寸
切りぬく
A プレート①

C 台①　厚紙
実寸

D 台② ／ 厚紙 実寸 ／ E 台③ ／ 目の方向 ／ 厚紙 実寸 ／ 切りぬく ／ B プレート②

つくり方

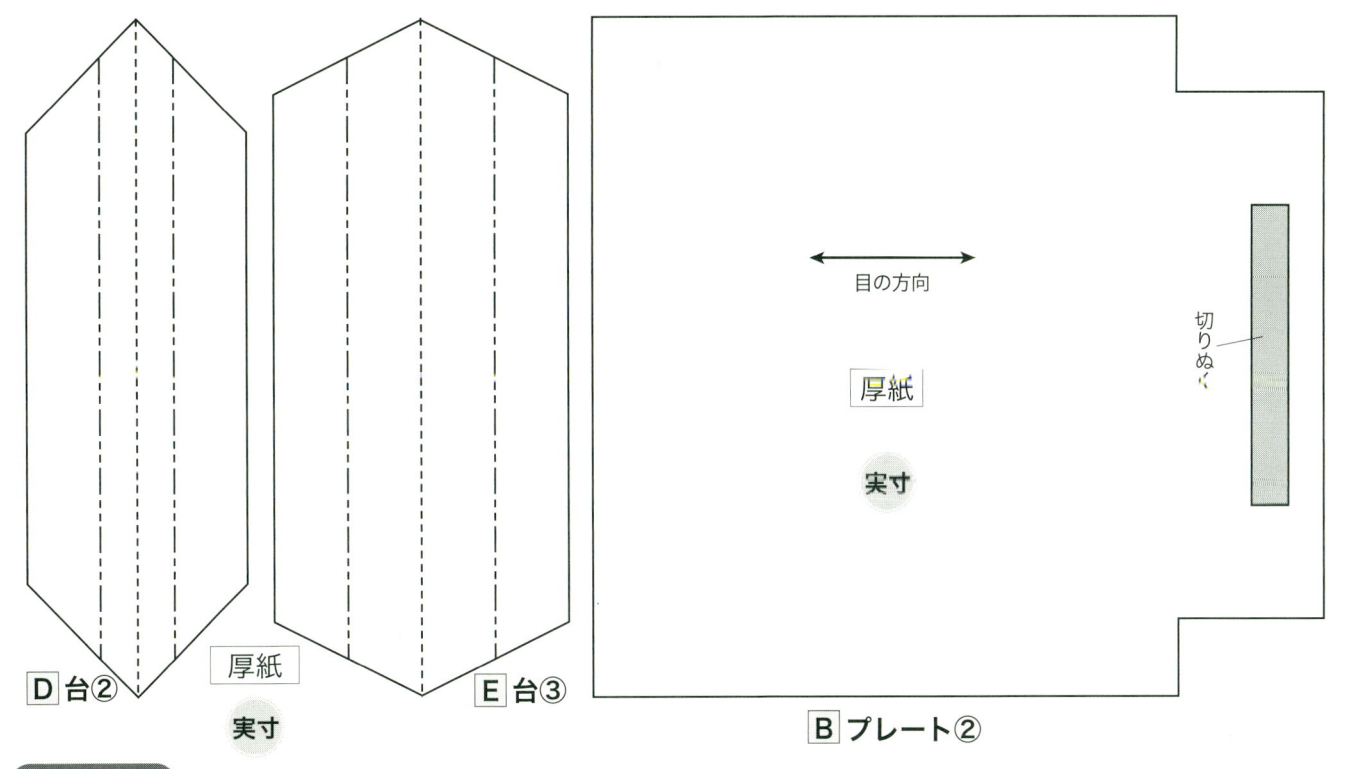

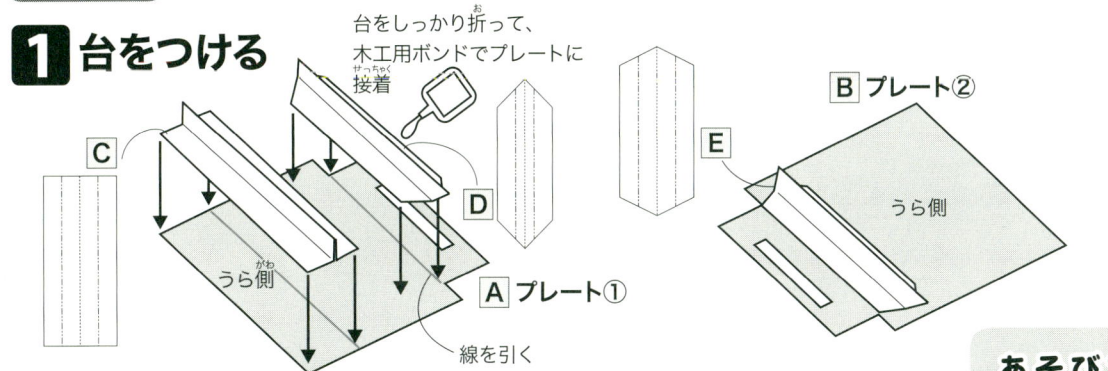

1 台をつける

台をしっかり折って、木工用ボンドでプレートに接着

C ／ D ／ うら側 ／ A プレート① ／ 線を引く ／ E ／ B プレート② ／ うら側

2 プレートを組み合わせる

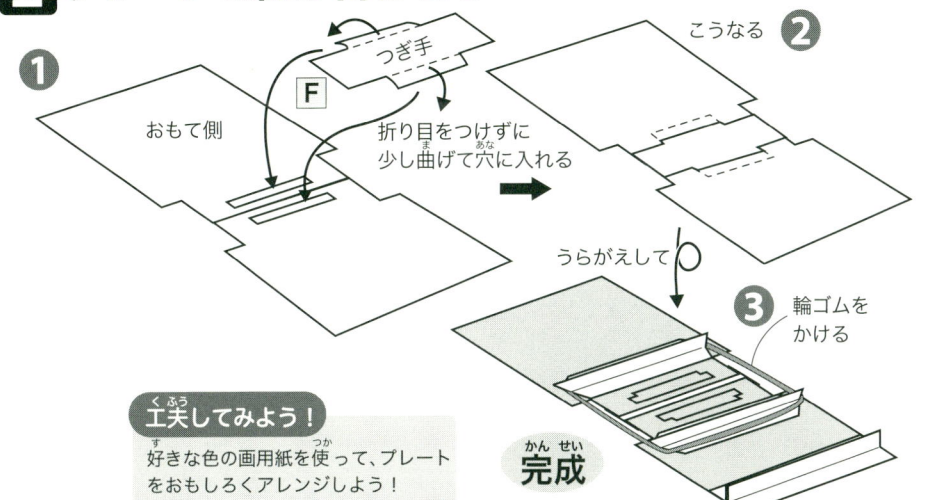

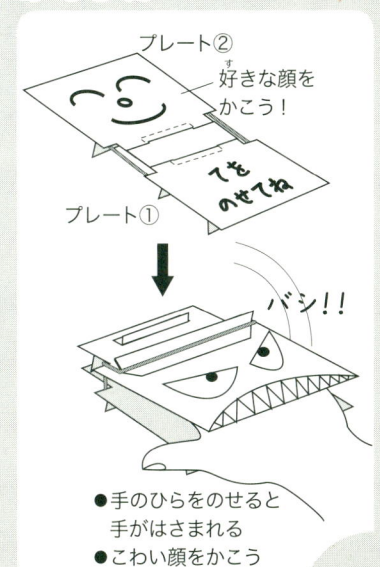

① つぎ手 ／ F ／ おもて側 ／ 折り目をつけずに少し曲げて穴に入れる ／ こうなる ② ／ うらがえして ／ ③ 輪ゴムをかける ／ 完成

工夫してみよう！
好きな色の画用紙を使って、プレートをおもしろくアレンジしよう！

あそび方

プレート② 好きな顔をかこう！ ／ プレート① ／ てをのせてね ／ バシ!!

- 手のひらをのせると手がはさまれる
- こわい顔をかこう

あめんぼ

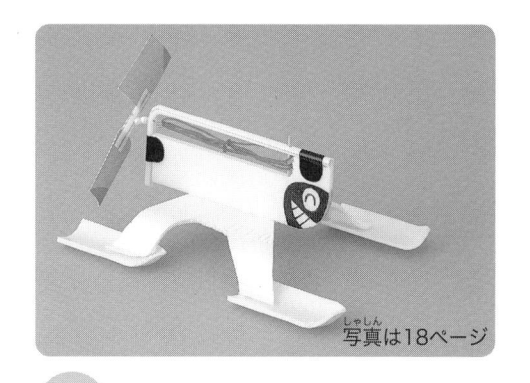

材料
- 輪ゴム（No.16）… 6本
- 曲がるストロー（線の入ったもの）… 2本
- つまようじ … 1本
- ゼムクリップ（小）… 1コ
- ビーズ（6mm）… 2コ
- 発泡トレー（18×12cmくらいのもの）… 2まい
- 紙コップ … 1コ

写真は18ページ

型紙　型紙の使い方は33ページ

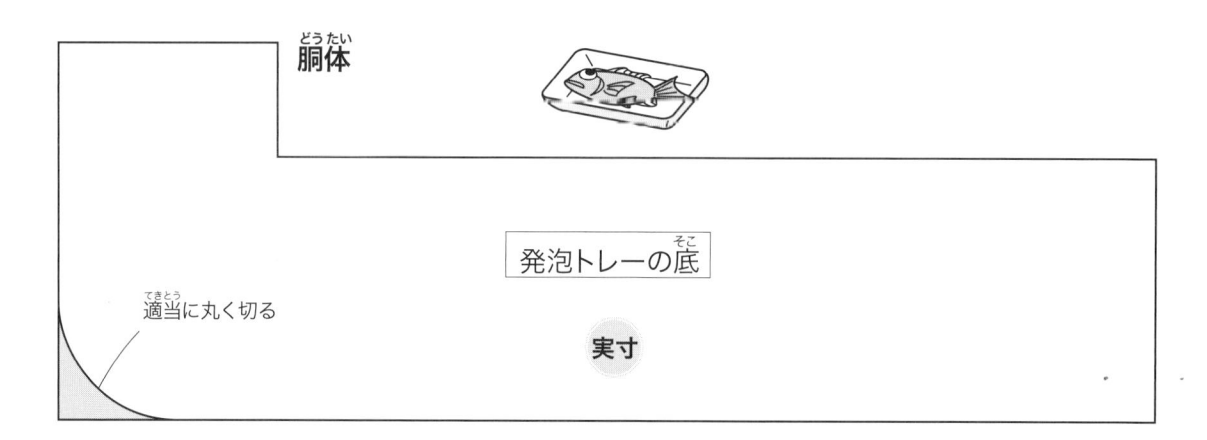

胴体

発泡トレーの底

実寸

適当に丸く切る

つくり方

1 胴体と足をつくる

① 曲がり終わり　胴体

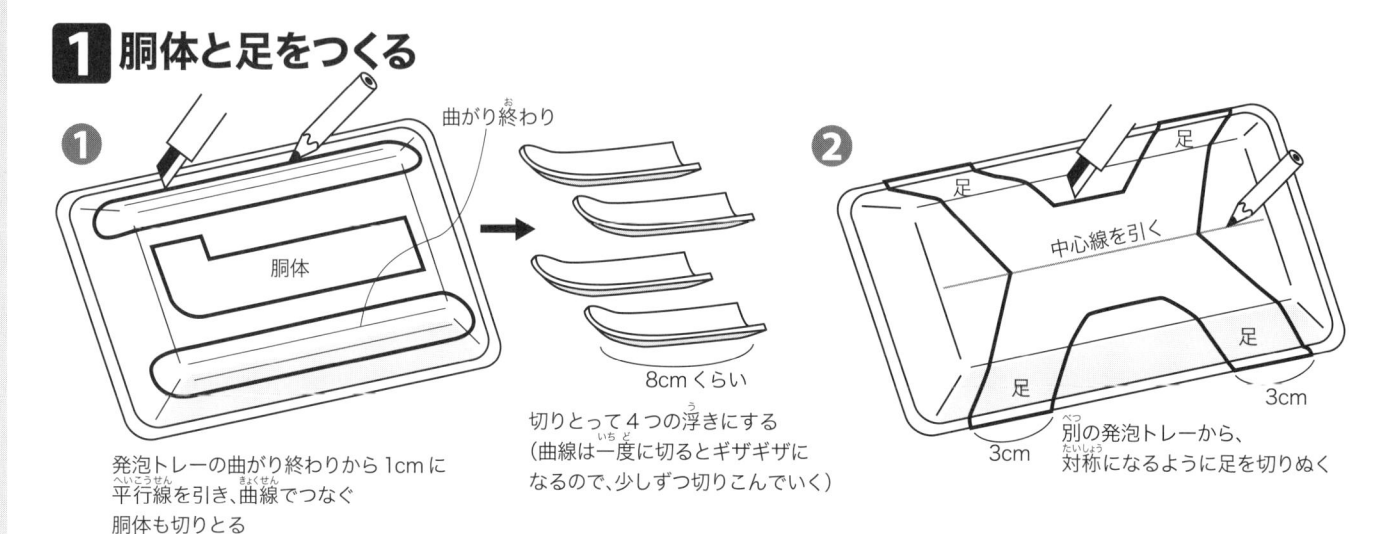

発泡トレーの曲がり終わりから1cmに平行線を引き、曲線でつなぐ　胴体も切りとる

8cmくらい

切りとって4つの浮きにする（曲線は一度に切るとギザギザになるので、少しずつ切りこんでいく）

② 足　中心線を引く　足　足　足　3cm　3cm

別の発泡トレーから、対称になるように足を切りぬく

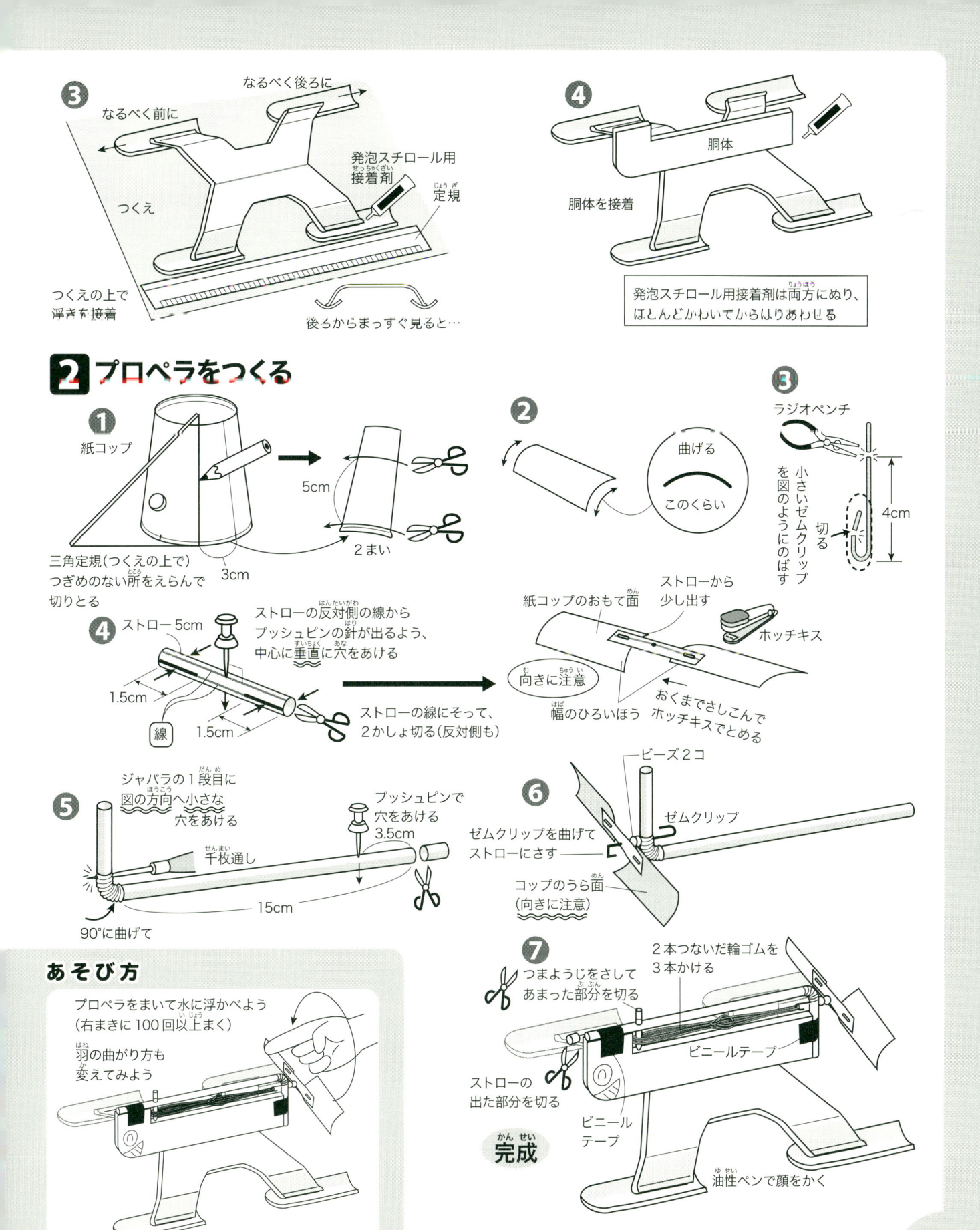

❸
- なるべく前に
- なるべく後ろに
- 発泡スチロール用接着剤
- 定規
- つくえ
- つくえの上で浮きを接着
- 後ろからまっすぐ見ると…

❹
- 胴体
- 胴体を接着
- 発泡スチロール用接着剤は両方にぬり、ほとんどかわいてからはりあわせる

2 プロペラをつくる

❶
- 紙コップ
- 三角定規(つくえの上で)つぎめのない所をえらんで切りとる
- 3cm
- 5cm
- 2まい

❷
- 曲げる
- このくらい

❸
- ラジオペンチ
- 小さいゼムクリップを図のようにのばす
- 切る
- 4cm

❹
- ストロー5cm
- 1.5cm / 1.5cm
- 線
- ストローの反対側の線からプッシュピンの針が出るよう、中心に垂直に穴をあける
- ストローの線にそって、2かしょ切る(反対側も)
- 紙コップのおもて面
- ストローから少し出す
- 向きに注意
- 幅のひろいほう
- おくまでさしこんでホッチキスでとめる
- ホッチキス

❺
- ジャバラの1段目に図の方向へ小さな穴をあける
- 千枚通し
- 90°に曲げて
- 15cm
- プッシュピンで穴をあける 3.5cm

❻
- ビーズ2コ
- ゼムクリップ
- ゼムクリップを曲げてストローにさす
- コップのうら面(向きに注意)

❼
- つまようじをさしてあまった部分を切る
- 2本つないだ輪ゴムを3本かける
- ビニールテープ
- ストローの出た部分を切る
- ビニールテープ
- 油性ペンで顔をかく
- 完成

あそび方
- プロペラをまいて水に浮かべよう(右まきに100回以上まく)
- 羽の曲がり方も変えてみよう

あひるくん

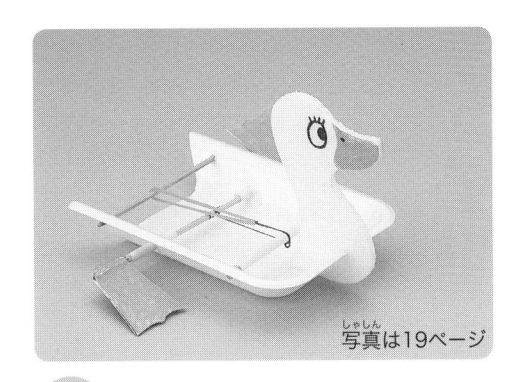

材料
- 輪ゴム（No.18）… 1本
- 細いストロー … 1本
- 竹ぐし … 3本
- 発泡トレー（イカなどの細長いもの）… 1まい
- 発泡トレー（底が7×10cm以上のもの）… 1まい
- 牛にゅうパック … 1コ
- 手芸糸

写真は19ページ

型紙 型紙の使い方は33ページ

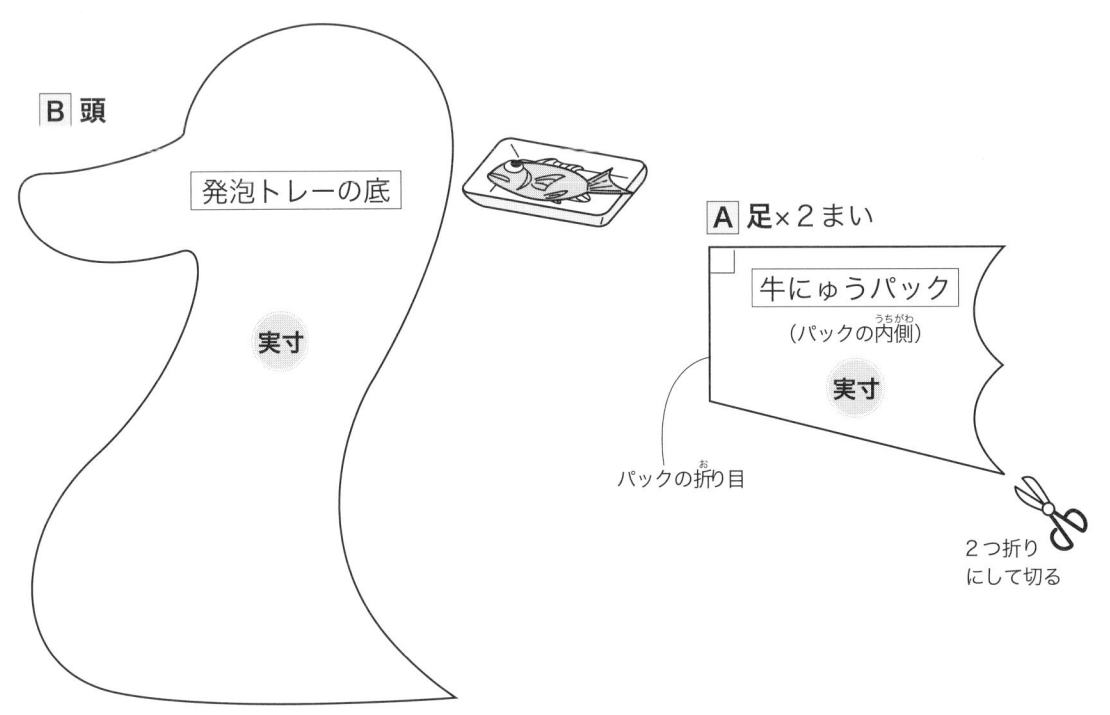

B 頭
発泡トレーの底
実寸

A 足×2まい
牛にゅうパック（パックの内側）
実寸
パックの折り目
2つ折りにして切る

つくり方

1 胴体をつくる

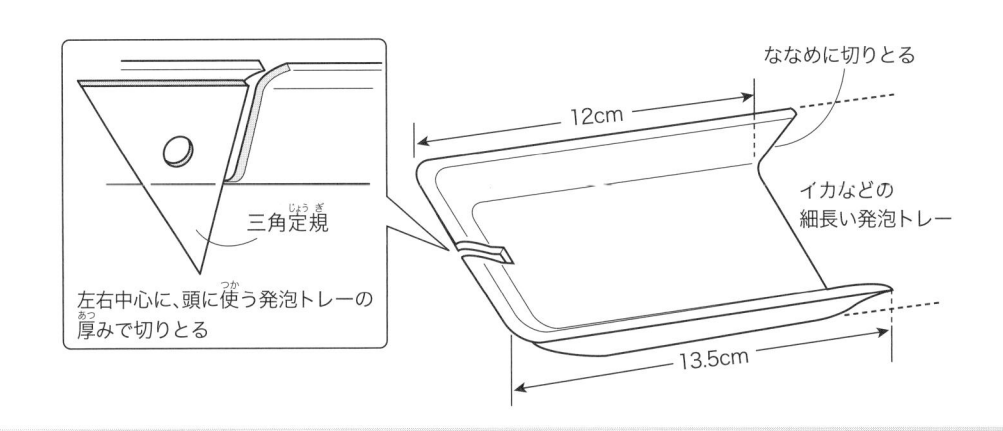

三角定規

左右中心に、頭に使う発泡トレーの厚みで切りとる

ななめに切りとる

12cm

13.5cm

イカなどの細長い発泡トレー

2 足をつける

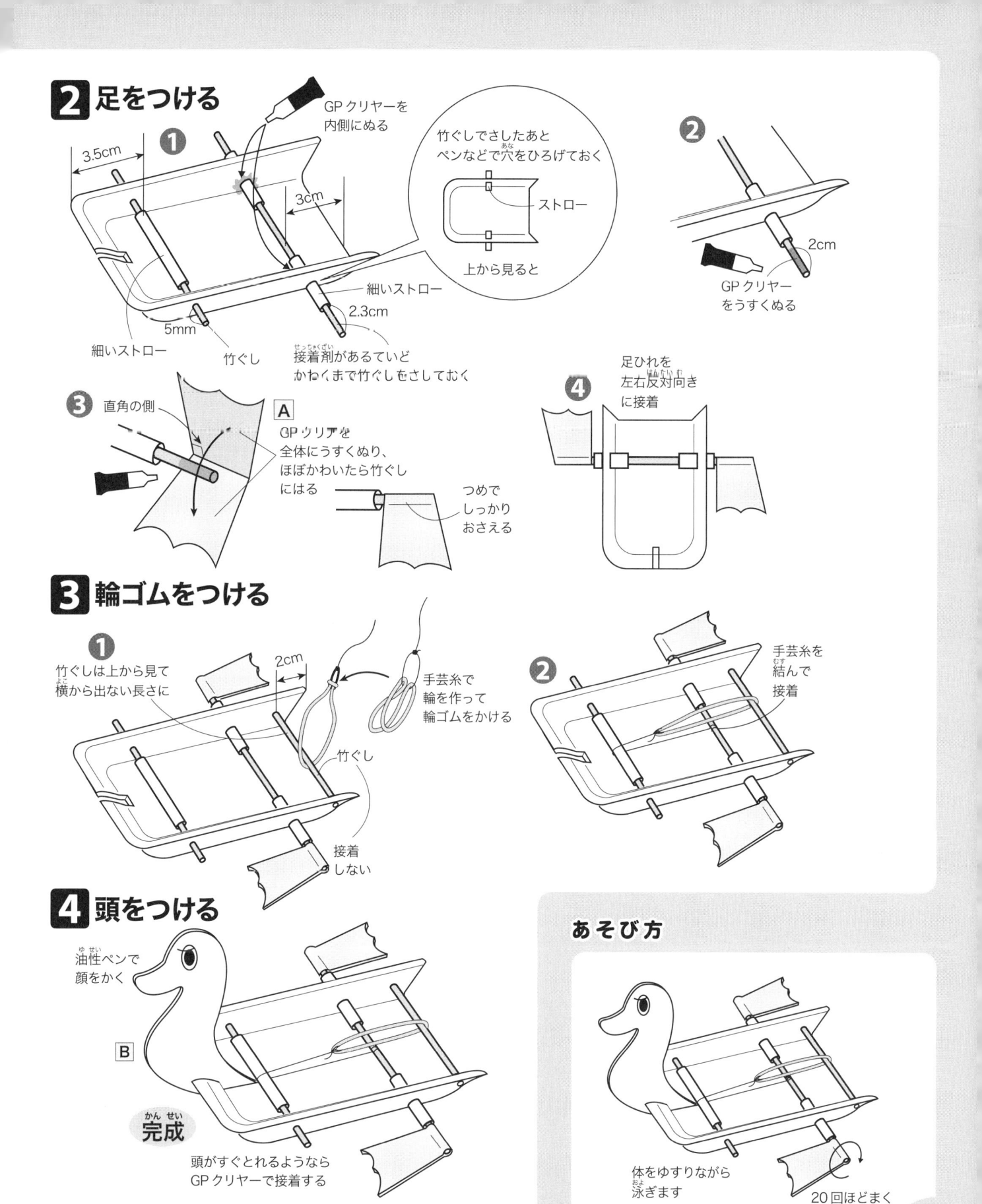

①
- GPクリヤーを内側にぬる
- 3.5cm
- 3cm
- 細いストロー 2.3cm
- 5mm
- 細いストロー
- 竹ぐし
- 接着剤があるていどかわくまで竹ぐしをさしておく

竹ぐしでさしたあとペンなどで穴をひろげておく
- ストロー
- 上から見ると

② 2cm
- GPクリヤーをうすくぬる

③ 直角の側
- A GPクリアを全体にうすくぬり、ほぼかわいたら竹ぐしにはる
- つめでしっかりおさえる

④ 足ひれを左右反対向きに接着

3 輪ゴムをつける

①
- 竹ぐしは上から見て横から出ない長さに
- 2cm
- 手芸糸で輪を作って輪ゴムをかける
- 竹ぐし
- 接着しない

② 手芸糸を結んで接着

4 頭をつける

- 油性ペンで顔をかく
- B
- **完成**
- 頭がすぐとれるようならGPクリヤーで接着する

あそび方

- 体をゆすりながら泳ぎます
- 20回ほどまく

空飛ぶカップ

材料
- 輪ゴム（No.18）… 4本
- 紙コップ … 2コ
- 太いストロー（線の入ったもの）… 1本
- 竹ぐし … 1本
- ゼムクリップ（小）… 1コ
- ビーズ（6mm）… 2コ

写真は20ページ

つくり方

1 プロペラをつくる

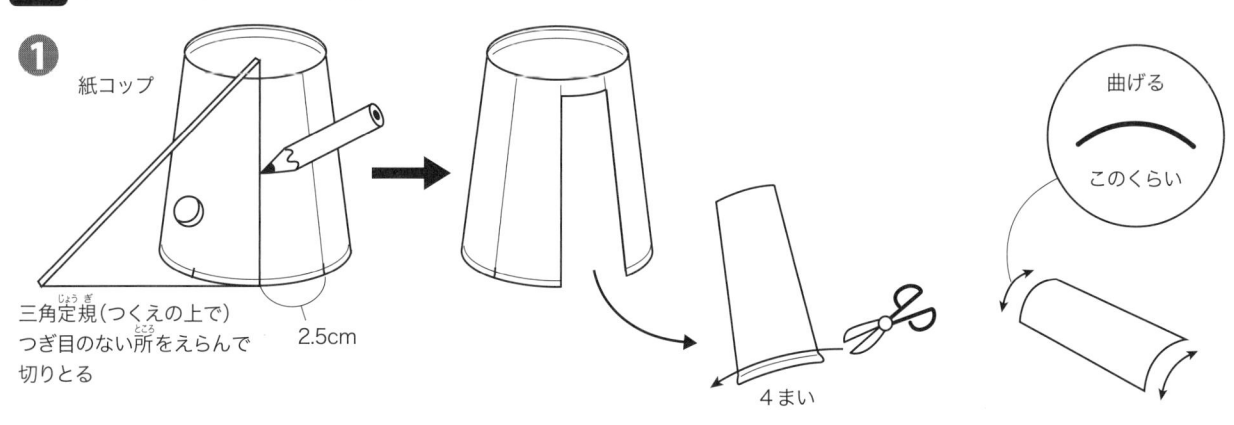

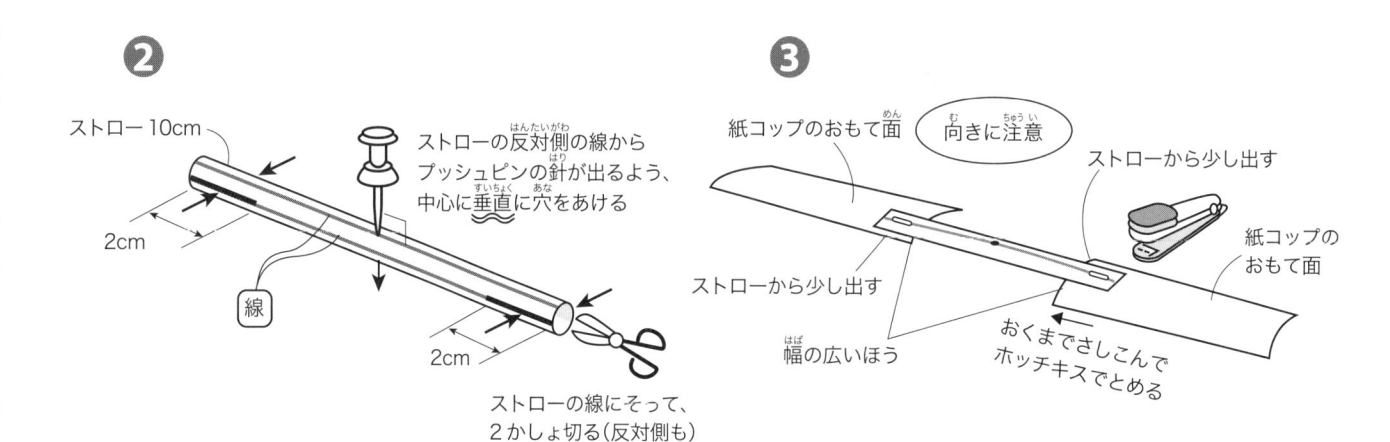

① 紙コップ
三角定規（つくえの上で）つぎ目のない所をえらんで切りとる
2.5cm
4まい
曲げる このくらい

② ストロー10cm
2cm
線
2cm
ストローの反対側の線からプッシュピンの針が出るよう、中心に垂直に穴をあける
ストローの線にそって、2かしょ切る（反対側も）

③ 紙コップのおもて面
向きに注意
ストローから少し出す
紙コップのおもて面
ストローから少し出す
幅の広いほう
おくまでさしこんでホッチキスでとめる

2 胴体をつくる

① 紙コップ　つぎ目
コンパスで中心をさがし、穴をあける
つぎ目の反対側に線を引く

② 2.5cm
30°の三角定規

③ プロペラの幅のひろいほうをあててカップに線を引く
線をカッターで切る

④ プロペラをさしこみ角に木工用ボンドをぬる（羽のうらも）
木工用ボンド
2〜3mm さしこむ

⑤ つぎ目側も同じ

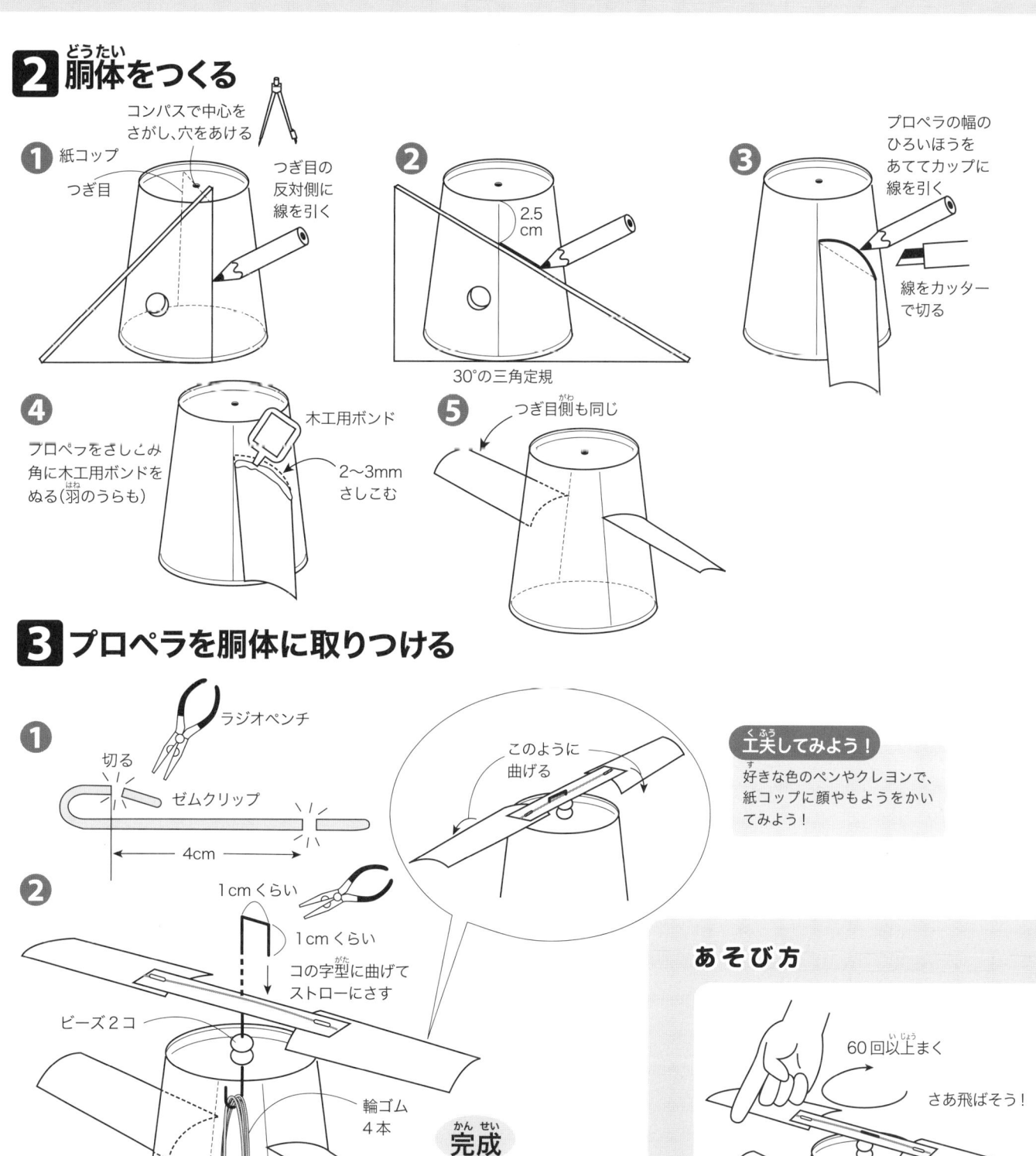

3 プロペラを胴体に取りつける

① ラジオペンチ
切る
ゼムクリップ
4cm

このように曲げる

工夫してみよう！
好きな色のペンやクレヨンで、紙コップに顔やもようをかいてみよう！

② 1cmくらい
1cmくらい
コの字型に曲げてストローにさす

ビーズ2コ
輪ゴム4本

完成

下から5mm プッシュピンであけた穴
先を切った竹ぐしをさす（適当な長さに切って、接着しない）

あそび方

60回以上まく
さあ飛ばそう！

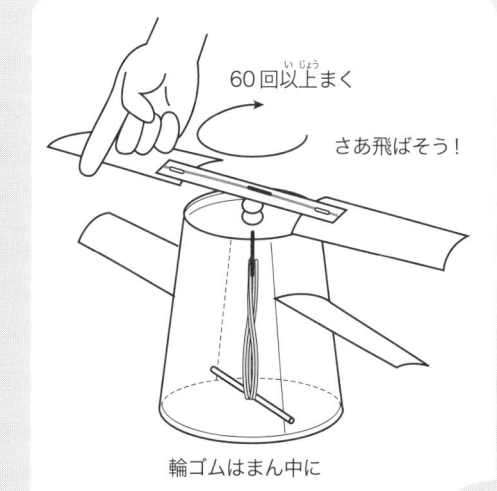

輪ゴムはまん中に

モーターボート

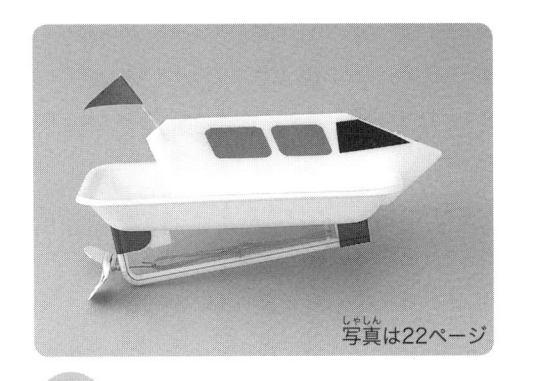

材料
- 輪ゴム（No.16）… 4本
- 曲がるストロー（線の入ったもの）… 2本
- つまようじ … 1本
- ゼムクリップ（小）… 1コ
- ビーズ（3mm）… 3コ
- 発泡トレー（19×11cm 以上のもの）… 2まい
- 牛にゅうパック … 1コ

写真は22ページ

型紙 型紙の使い方は33ページ

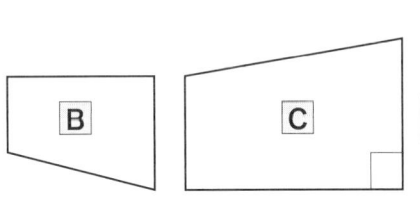

B　C　発泡トレーの底　実寸

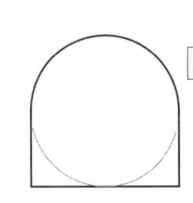

A スクリューの羽×2まい　牛にゅうパック　実寸

つくり方

1 スクリューをつくる

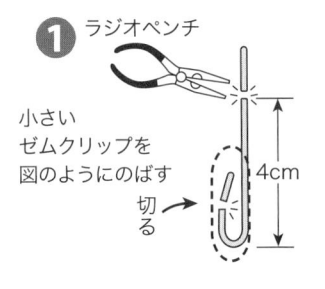

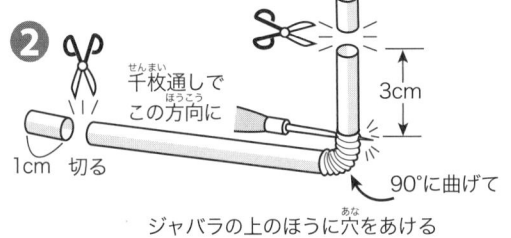

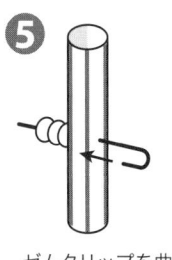

①ラジオペンチ
小さいゼムクリップを図のようにのばす
4cm　切る

②千枚通しでこの方向に
1cm 切る
3cm
90°に曲げて
ジャバラの上のほうに穴をあける

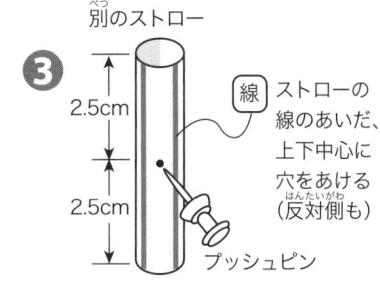

③別のストロー
2.5cm / 2.5cm
線　ストローの線のあいだ、上下中心に穴をあける（反対側も）
プッシュピン

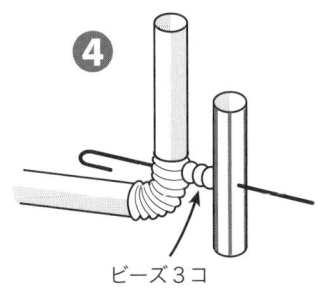

④ビーズ3コ

⑤ゼムクリップを曲げてストローにさす

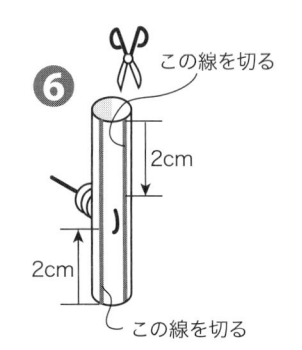

⑥この線を切る
2cm / 2cm
この線を切る

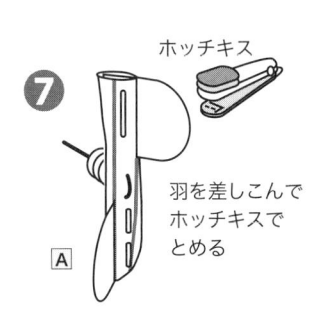

⑦ホッチキス
羽を差しこんでホッチキスでとめる
A

70

2 船体をつくる

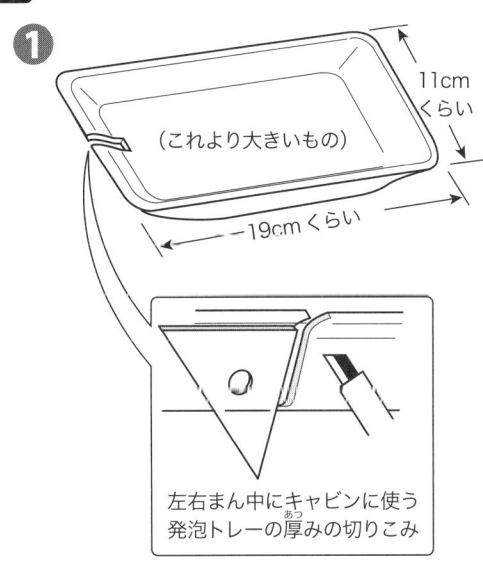

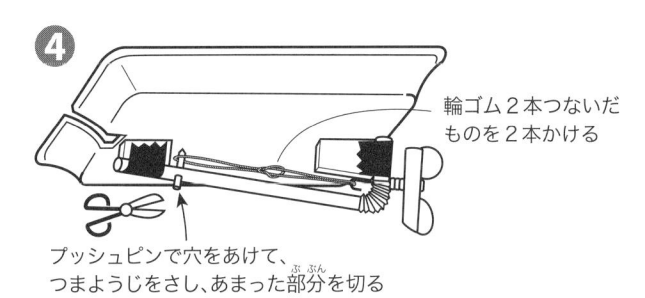

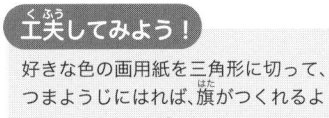

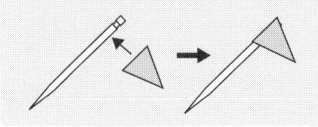

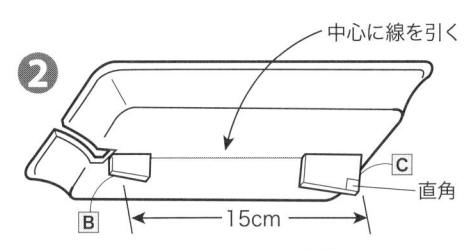

① （これより大きいもの）
11cmくらい
19cmくらい

左右まん中にキャビンに使う発泡トレーの厚みの切りこみ

② 中心に線を引く
B、Cを発泡スチロール用接着剤で接着
15cm
C 直角
B

発泡スチロール用接着剤は両方にぬり、ほとんどかわいてからはりあわせる

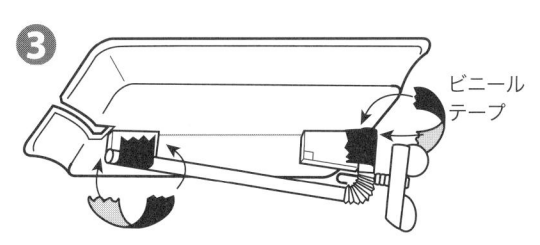

③ ビニールテープ

スクリューをビニールテープでとめる

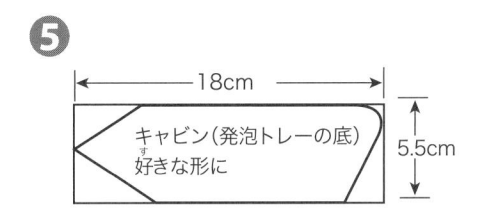

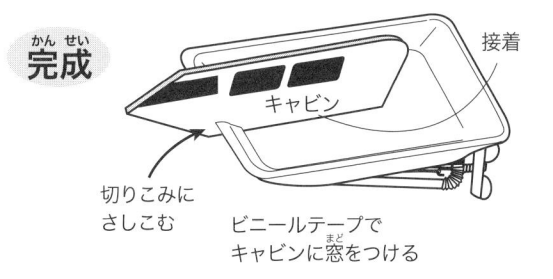

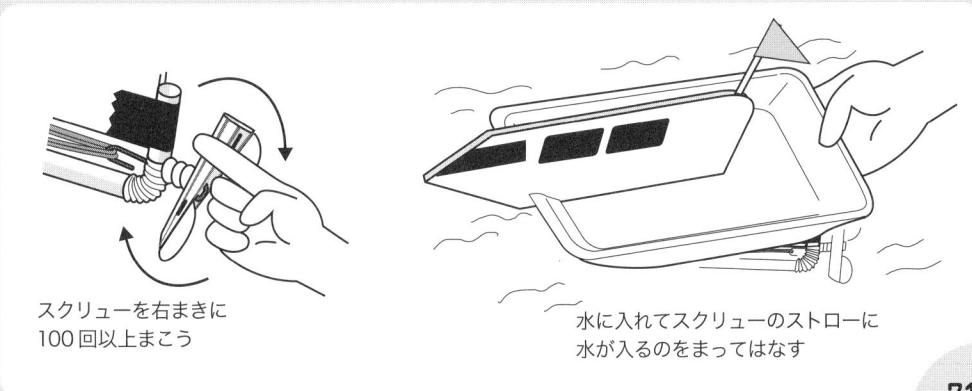

④ 輪ゴム2本つないだものを2本かける

プッシュピンで穴をあけて、つまようじをさし、あまった部分を切る

⑤ 18cm
5.5cm
キャビン（発泡トレーの底）好きな形に

工夫してみよう！
好きな色の画用紙を三角形に切って、つまようじにはれば、旗がつくれるよ

完成
接着
キャビン
切りこみにさしこむ
ビニールテープでキャビンに窓をつける

あそび方

スクリューを右まきに100回以上まこう

水に入れてスクリューのストローに水が入るのをまってはなす

71

マンボウ

材料

- 輪ゴム（No.18）… 2本
- 曲がるストロー（線の入ったもの）… 2本
- ゼムクリップ（小）… 1コ
- ビーズ（3mm）… 3コ
- つまようじ … 1本
- 牛にゅうパック … 1コ
- 発泡トレー（底が12×10cm以上のもの）… 1まい
- 使用済みの乾電池（単3）… 1コ

写真は23ページ

型紙　型紙の使い方は33ページ

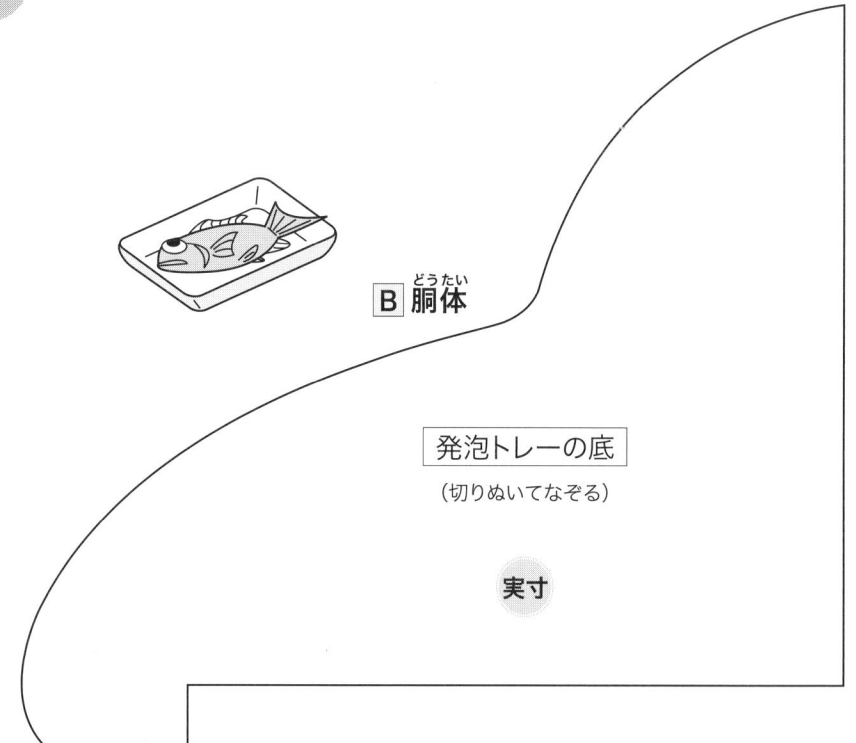

B 胴体

発泡トレーの底
（切りぬいてなぞる）

実寸

A スクリューの羽×2まい

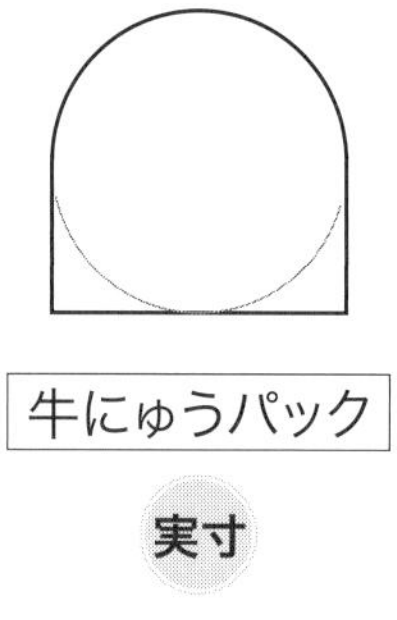

牛にゅうパック

実寸

つくり方

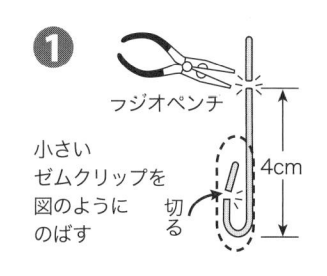

① フジオペンチ
小さいゼムクリップを図のようにのばす
4cm
切る

② 曲がるストロー
千枚通しでこの方向に
90°に曲げてジャバラの上のほうに穴をあける

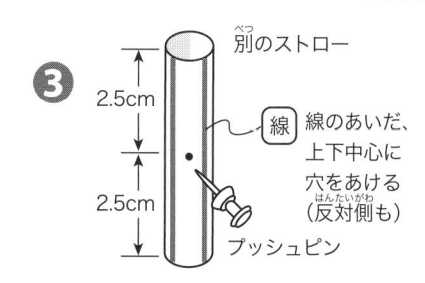

③ 別のストロー
2.5cm
2.5cm
線 線のあいだ、上下中心に穴をあける（反対側も）
プッシュピン

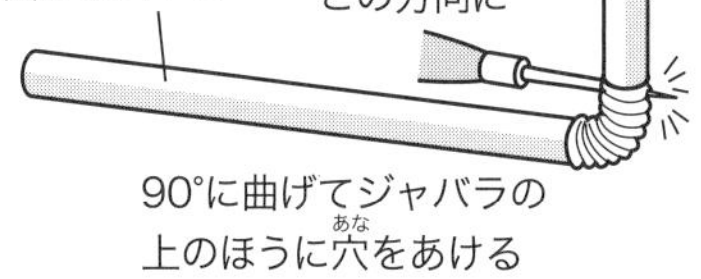

❹ 3mmのビーズ3コ

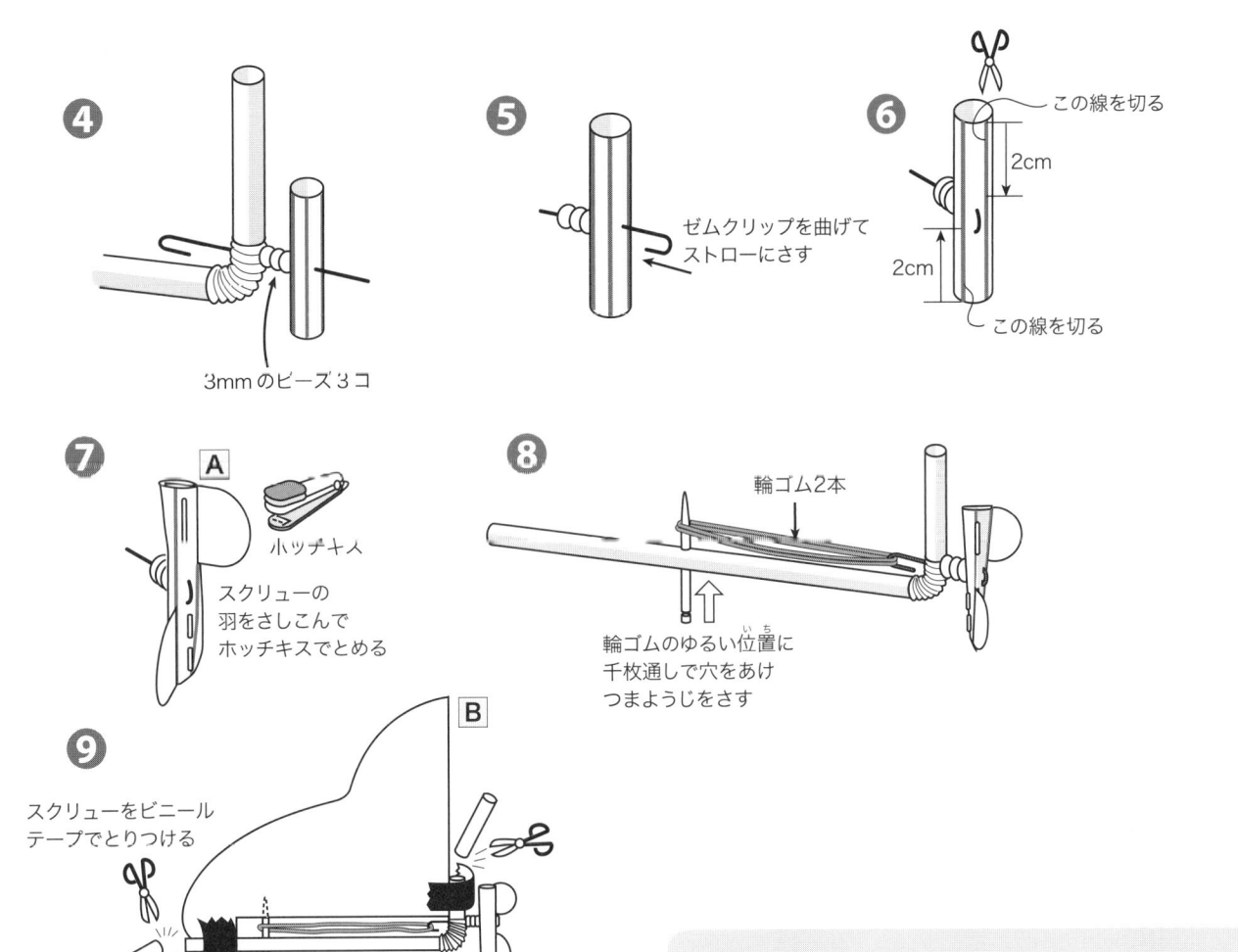

❺ ゼムクリップを曲げてストローにさす

❻ この線を切る / 2cm / 2cm / この線を切る

❼ A 小ッチキス　スクリューの羽をさしこんでホッチキスでとめる

❽ 輪ゴム2本　輪ゴムのゆるい位置に千枚通しで穴をあけつまようじをさす

❾ B スクリューをビニールテープでとりつける　スクリューのつまようじを胴体にさす

❿ 油性ペンで色をぬって

使用済みの乾電池（単3）をビニールテープでとめ、おもりにする

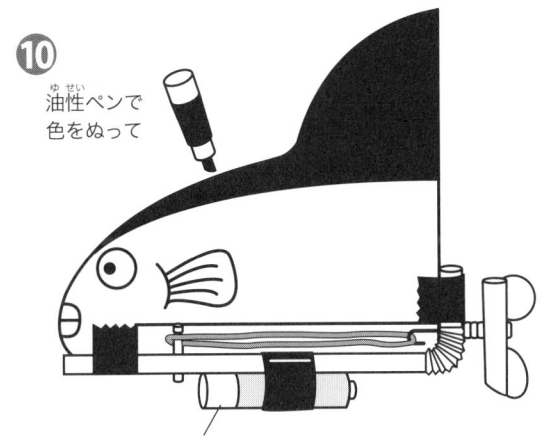

完成

あそび方

背びれだけが水から出ます

工夫してみよう！
マンガン電池とアルカリ電池ではおもさがちがうので試してみよう

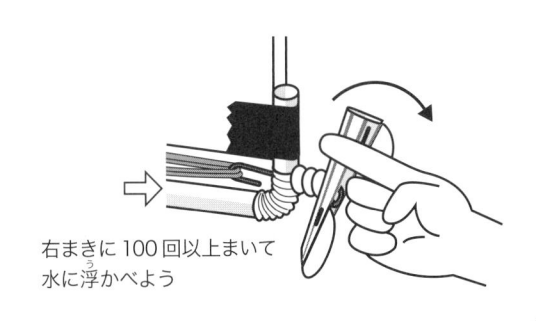

右まきに100回以上まいて水に浮かべよう

どきどきチャレンジ

写真は24ページ

材料
輪ゴム（No.16）… 1本
竹ぐし … 1本
ゼムクリップ（小）… 1コ
厚紙
画用紙（色画用紙）

型紙 型紙の使い方は33ページ

人形 画用紙（色画用紙）

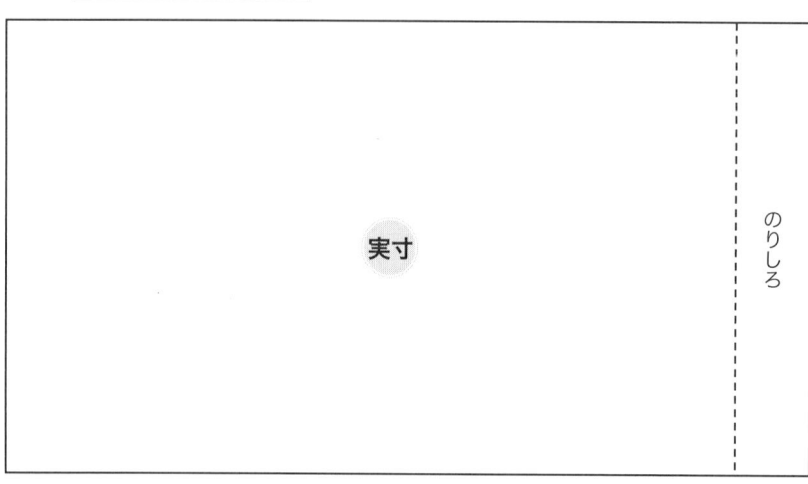

E 体（実寸／のりしろ）

F 手×2まい（実寸／のりしろ）

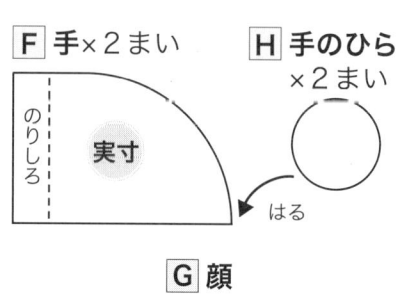

H 手のひら ×2まい（はる）

G 顔（実寸）

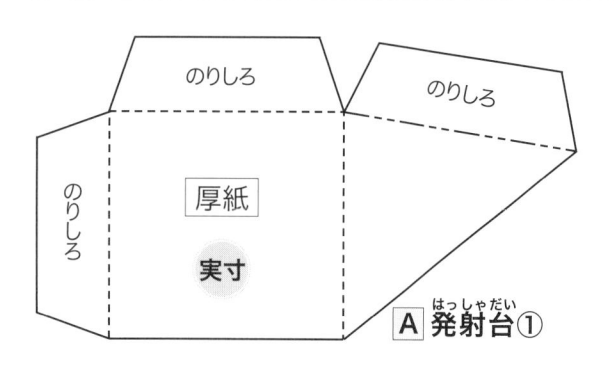

A 発射台① 厚紙 実寸（のりしろ）

I チャレンジ棒×4まい 厚紙 実寸
← 目の方向 →
すぐ曲がるときは1本を2まい重ねにする

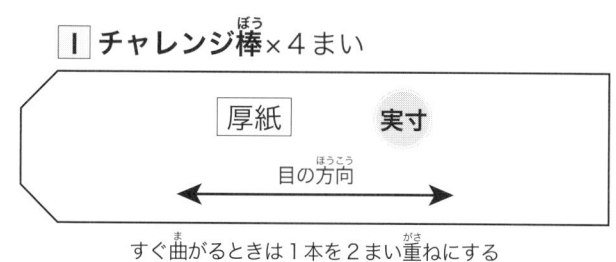

B 発射台②

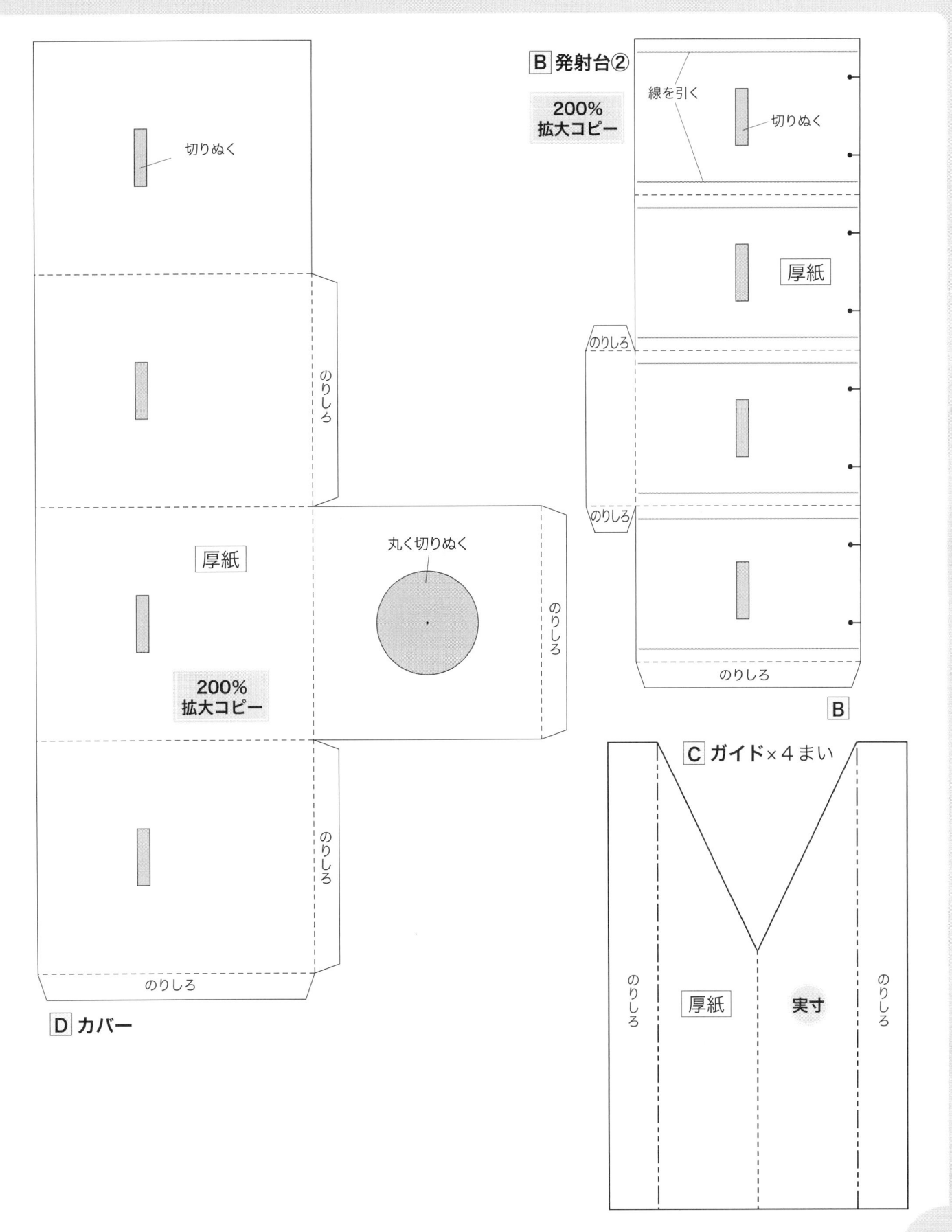

200% 拡大コピー

線を引く
切りぬく
厚紙
のりしろ
のりしろ
のりしろ

B

切りぬく

厚紙

丸く切りぬく

200% 拡大コピー

のりしろ
のりしろ
のりしろ

D カバー

C ガイド×4まい

のりしろ　厚紙　実寸　のりしろ

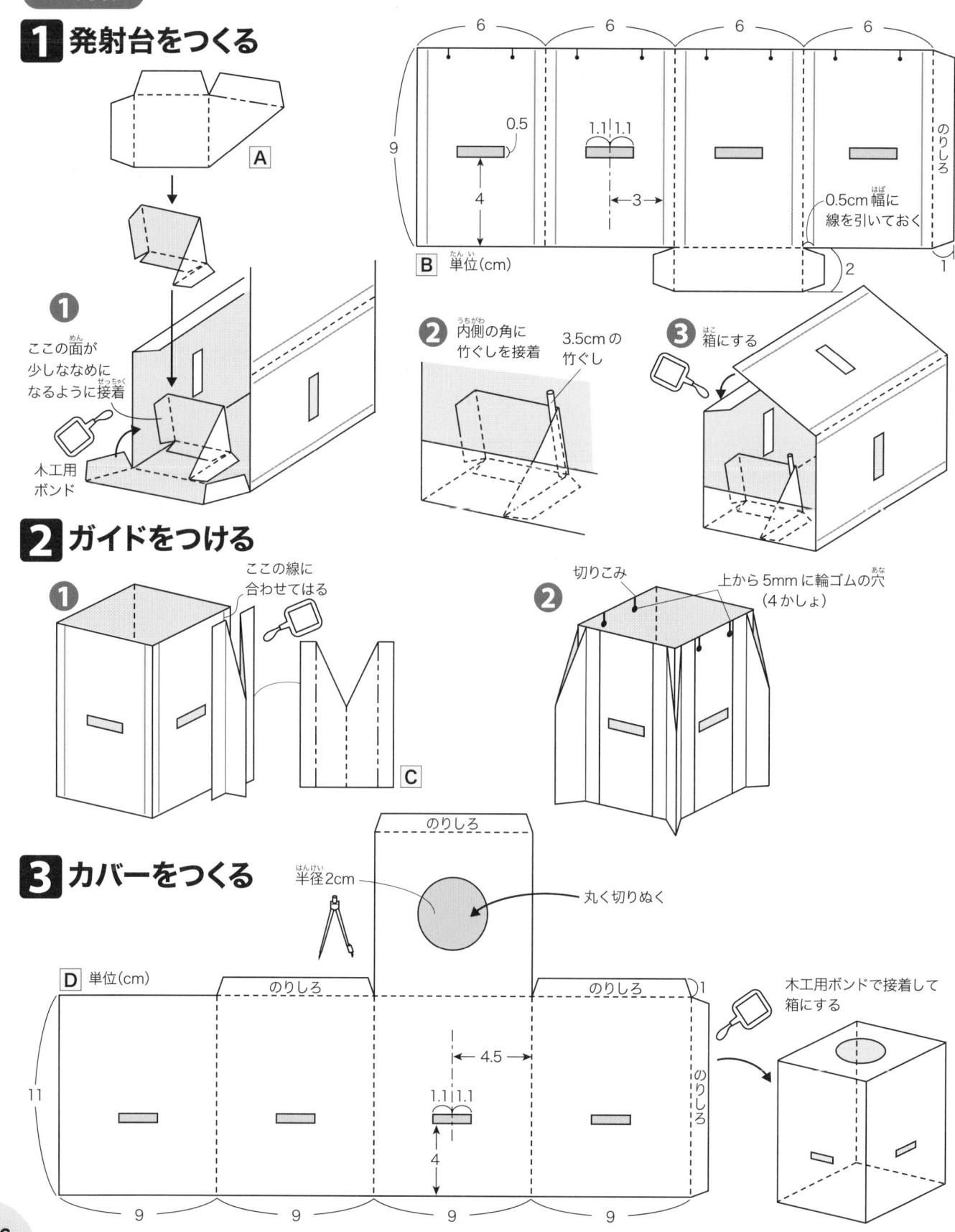

つくり方

1 発射台をつくる

A

① ここの面が少しななめになるように接着

木工用ボンド

B 単位(cm)

6 / 6 / 6 / 6

9

0.5

1.1 | 1.1

4

3

0.5cm幅に線を引いておく

のりしろ

2 / 1

② 内側の角に竹ぐしを接着　3.5cmの竹ぐし

③ 箱にする

2 ガイドをつける

① ここの線に合わせてはる

C

② 切りこみ　上から5mmに輪ゴムの穴（4かしょ）

3 カバーをつくる

半径2cm　丸く切りぬく

のりしろ

のりしろ / のりしろ

D 単位(cm)

11

4.5

1.1 | 1.1

4

のりしろ

9 / 9 / 9 / 9

木工用ボンドで接着して箱にする

4 人形をつくる

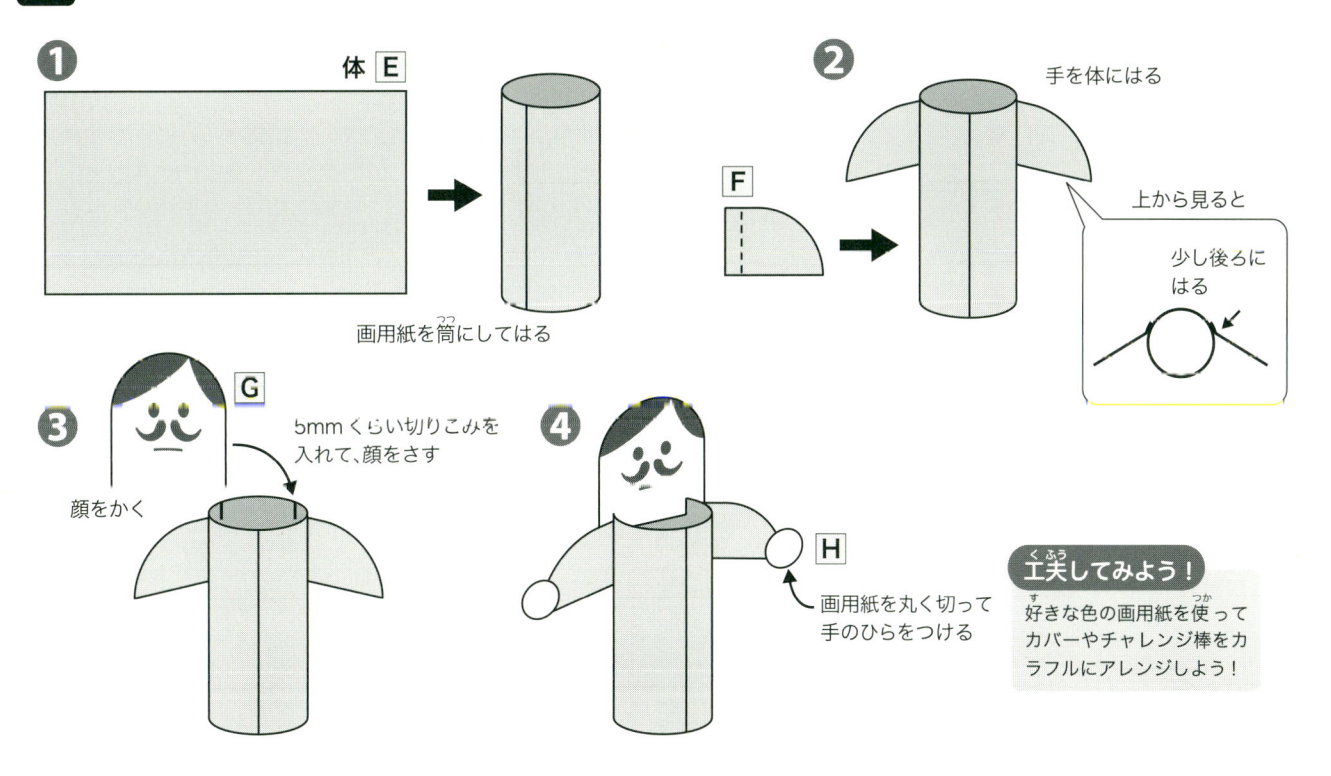

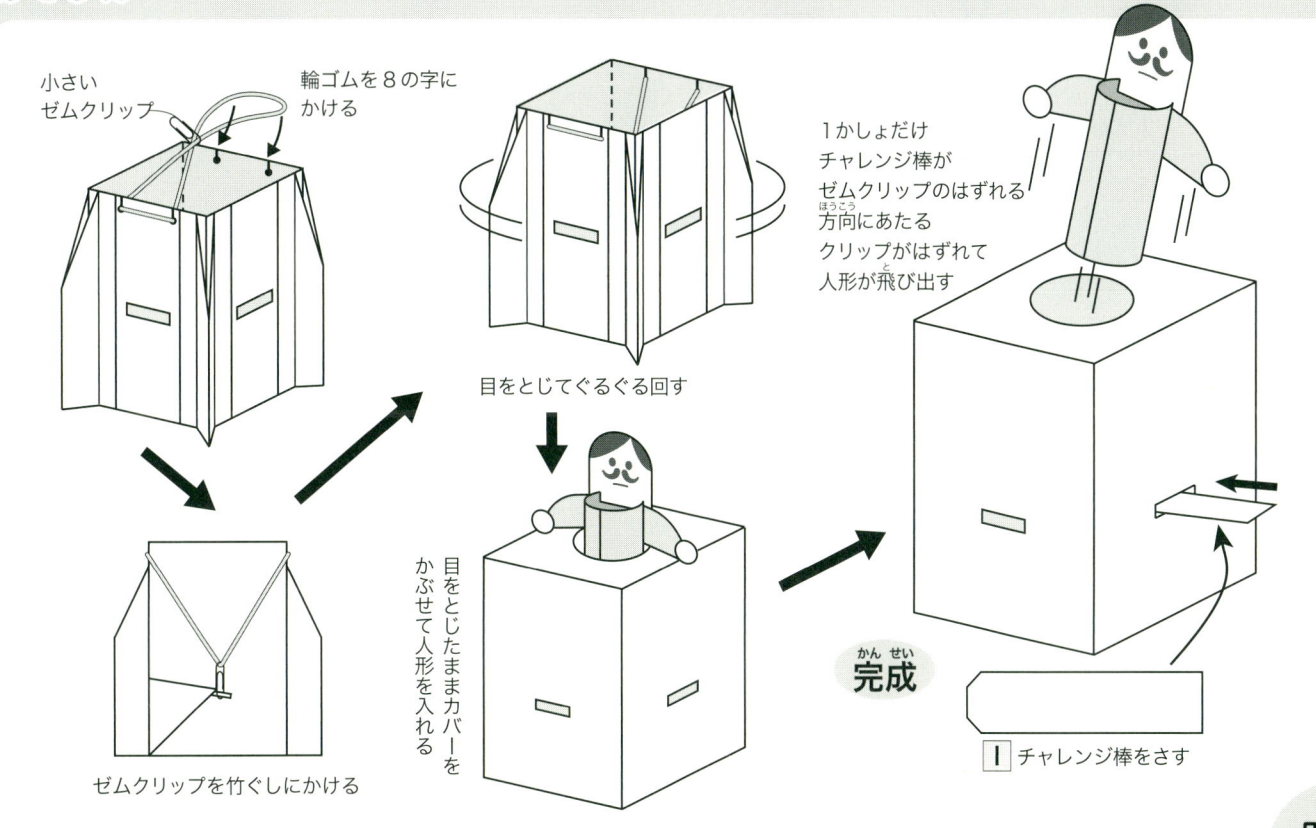

① 体 E
画用紙を筒にしてはる

② 手を体にはる
F
上から見ると
少し後ろにはる

③ 顔をかく
G
5mmくらい切りこみを入れて、顔をさす

④ H
画用紙を丸く切って手のひらをつける

工夫してみよう！
好きな色の画用紙を使ってカバーやチャレンジ棒をカラフルにアレンジしよう！

あそび方

小さいゼムクリップ
輪ゴムを8の字にかける

目をとじてぐるぐる回す

1かしょだけチャレンジ棒がゼムクリップのはずれる方向にあたるクリップがはずれて人形が飛び出す

ゼムクリップを竹ぐしにかける

目をとじたままカバーをかぶせて人形を入れる

完成

I チャレンジ棒をさす

ダーツピストル

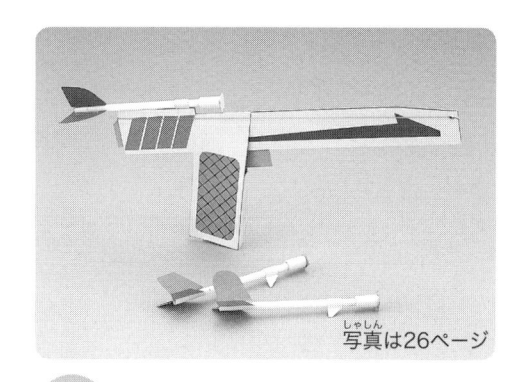

材料
輪ゴム（No.16）… 1本
細いストロー … 1本
（ダーツの矢1本分）
厚紙
コピー用紙または
ファックス用紙（A4サイズ）
厚手の画用紙（ケント紙）
画用紙（色画用紙）

写真は26ページ

型紙　型紙の使い方は33ページ

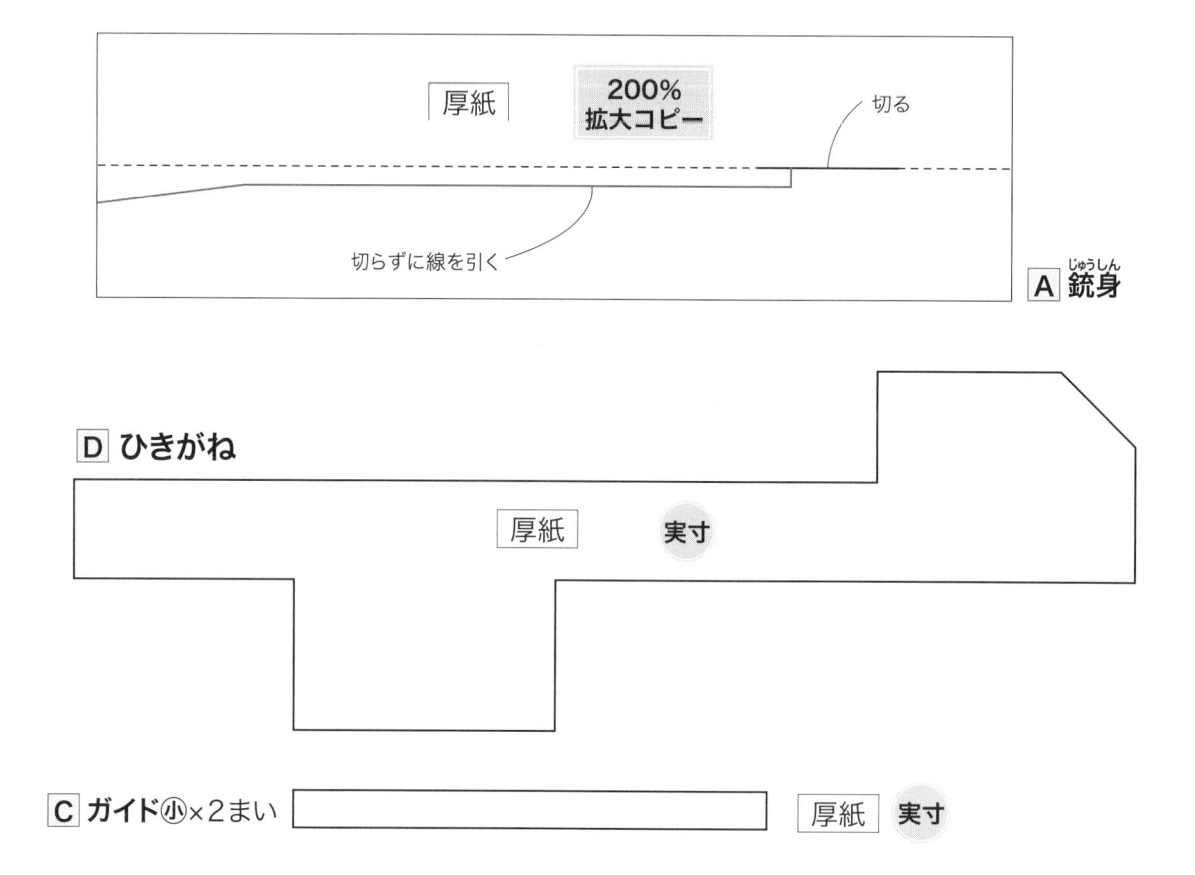

厚紙　200％拡大コピー　切る

切らずに線を引く

A 銃身

D ひきがね
厚紙　実寸

C ガイド小×2まい　厚紙　実寸

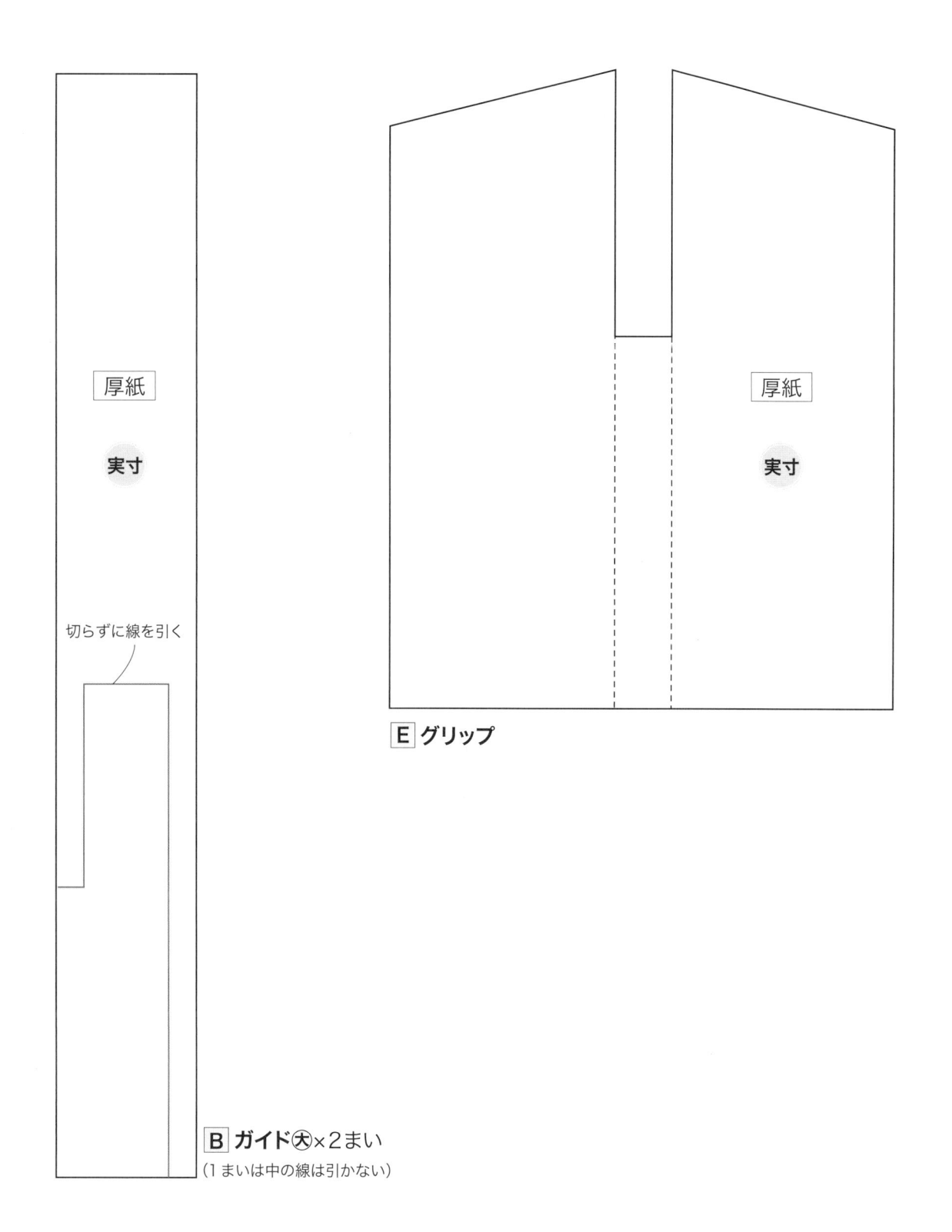

厚紙

実寸

切らずに線を引く

B ガイド㊧×2まい
(1まいは中の線は引かない)

厚紙

実寸

E グリップ

つくり方

1 銃身をつくる

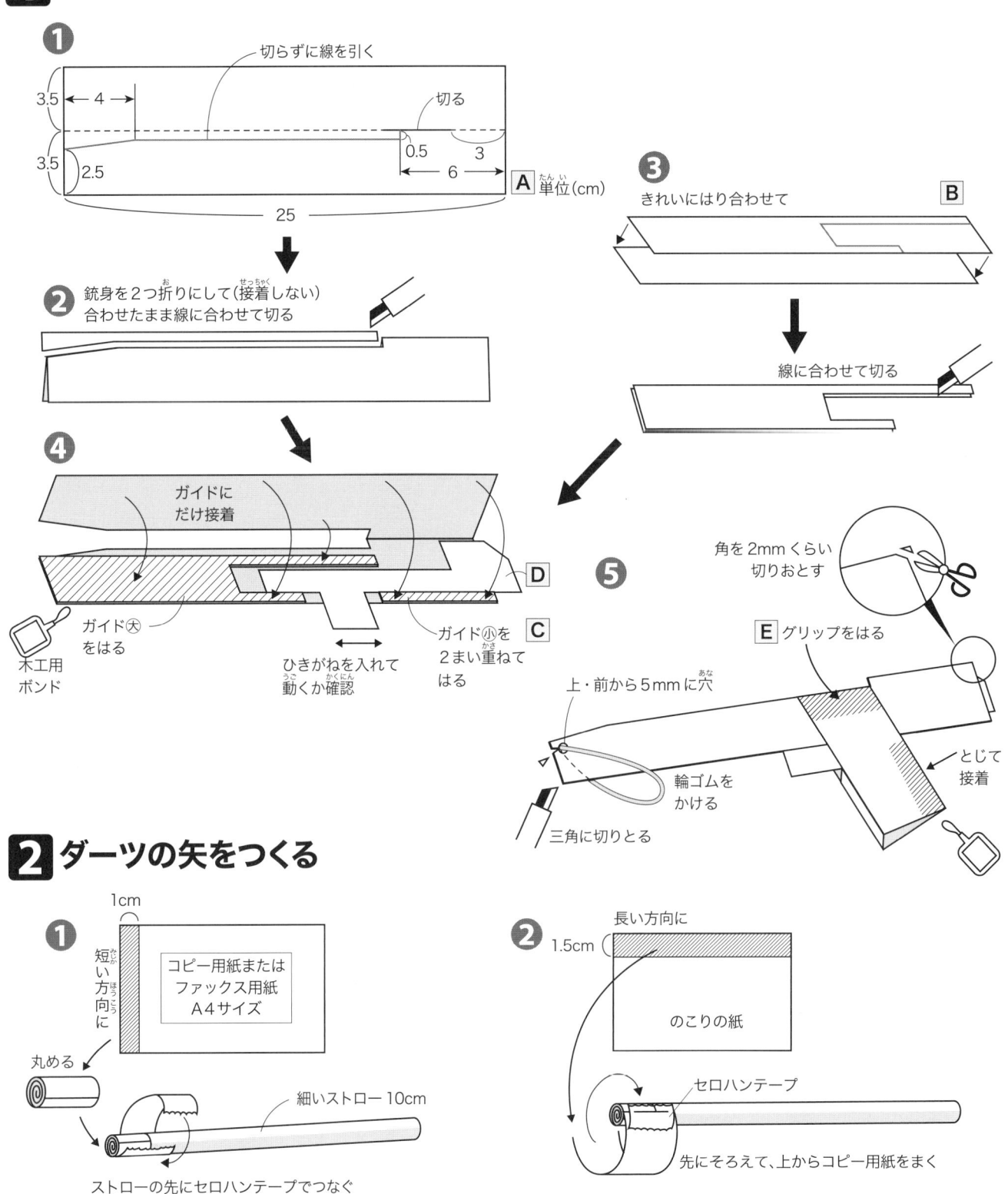

① 切らずに線を引く / 切る / 単位(cm) A
- 3.5, 4, 3.5, 2.5, 25, 0.5, 3, 6

② 銃身を2つ折りにして(接着しない)合わせたまま線に合わせて切る

③ きれいにはり合わせて B
線に合わせて切る

④ ガイドにだけ接着 / ガイド大をはる / 木工用ボンド / ひきがねを入れて動くか確認 / ガイド小を2まい重ねてはる C / D

⑤ 角を2mmくらい切りおとす / E グリップをはる / とじて接着 / 上・前から5mmに穴 / 輪ゴムをかける / 三角に切りとる

2 ダーツの矢をつくる

① 1cm / 短い方向に / コピー用紙またはファックス用紙 A4サイズ / 丸める / 細いストロー10cm / ストローの先にセロハンテープでつなぐ

② 長い方向に / 1.5cm / のこりの紙 / セロハンテープ / 先にそろえて、上からコピー用紙をまく

③ ボンドでとめる
1cm
1cm幅の両面テープをはる

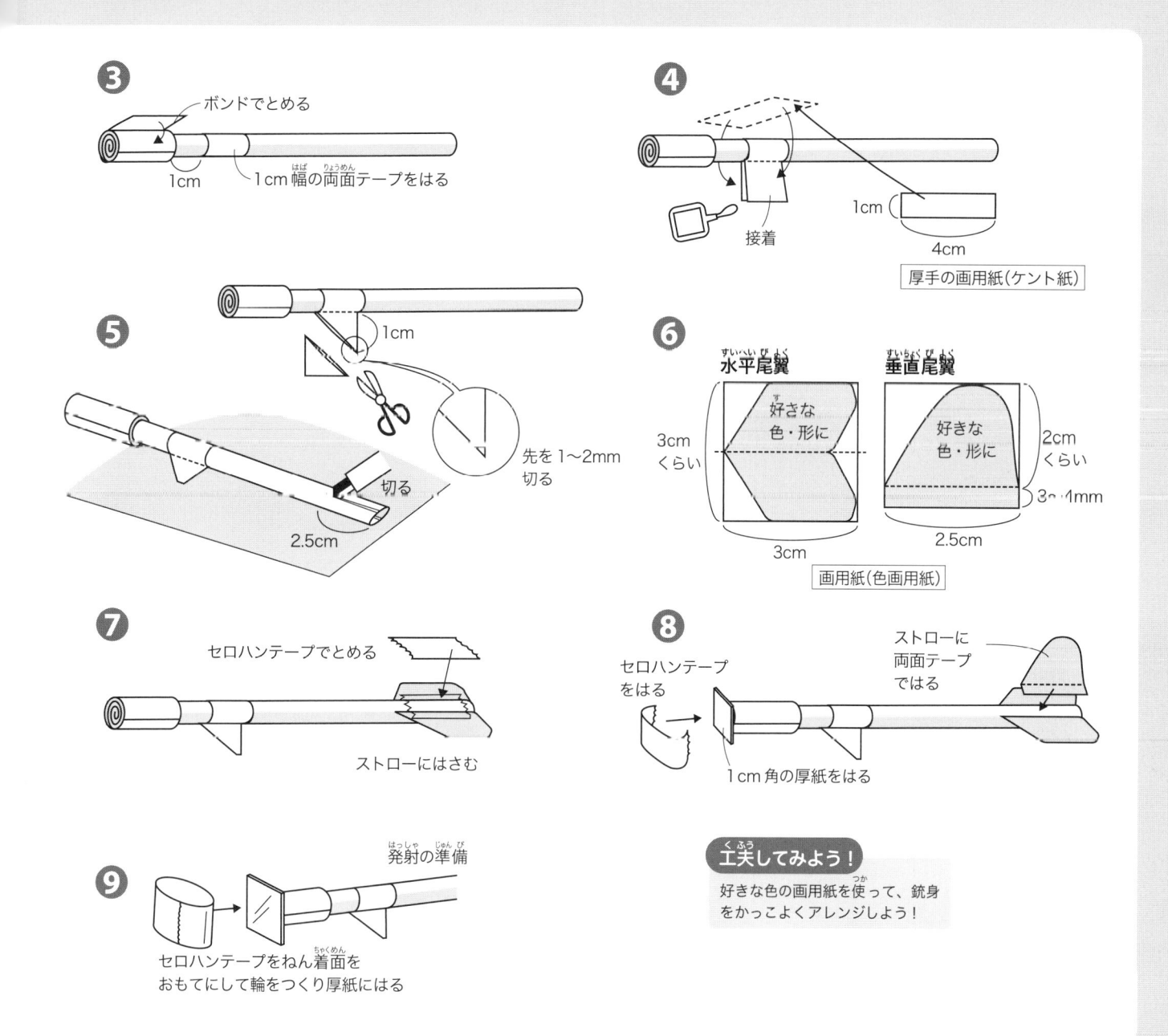

④ 接着
1cm
4cm
厚手の画用紙(ケント紙)

⑤ 1cm
切る
先を1～2mm切る
2.5cm

⑥ 水平尾翼　垂直尾翼
好きな色・形に
3cmくらい
2cmくらい
3cm
2.5cm
画用紙(色画用紙)

⑦ セロハンテープでとめる
ストローにはさむ

⑧ セロハンテープをはる
1cm角の厚紙をはる
ストローに両面テープではる

⑨ 発射の準備
セロハンテープをねん着面をおもてにして輪をつくり厚紙にはる

工夫してみよう！
好きな色の画用紙を使って、銃身をかっこよくアレンジしよう！

あそび方

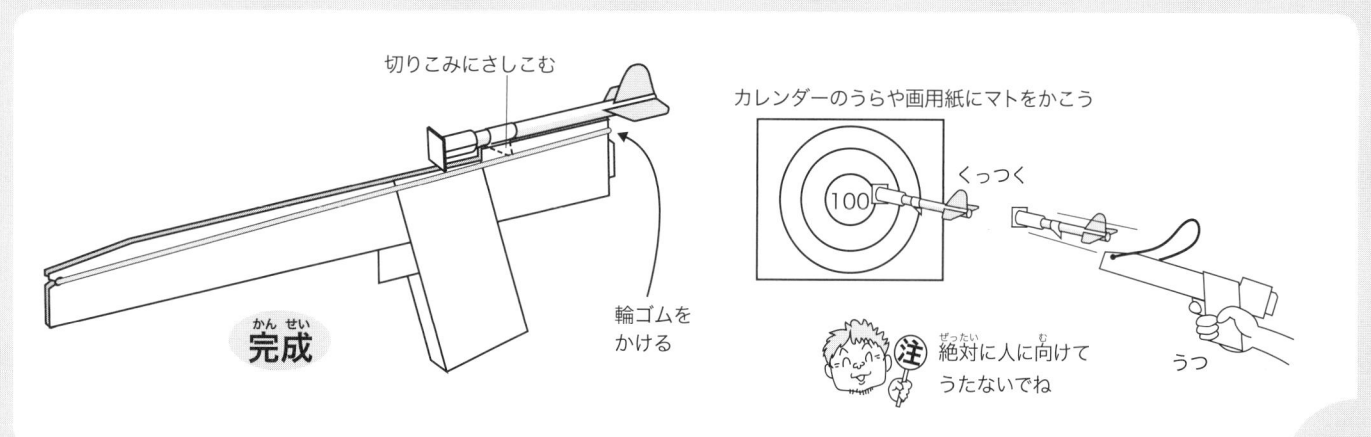

切りこみにさしこむ
完成
輪ゴムをかける

カレンダーのうらや画用紙にマトをかこう
100
くっつく
注 絶対に人に向けてうたないでね
うつ

くるくるタコくん

材料
- 輪ゴム（No.16）… 2本
- ペットボトル（1.5L 炭酸飲料用）… 1本
- 太いストロー（線の入ったもの）… 1本
- ゼムクリップ（小）… 1コ
- ビーズ（6mm）… 2コ
- 竹ぐし … 1本
- 画用紙（色画用紙）

写真は27ページ

型紙 型紙の使い方は33ページ

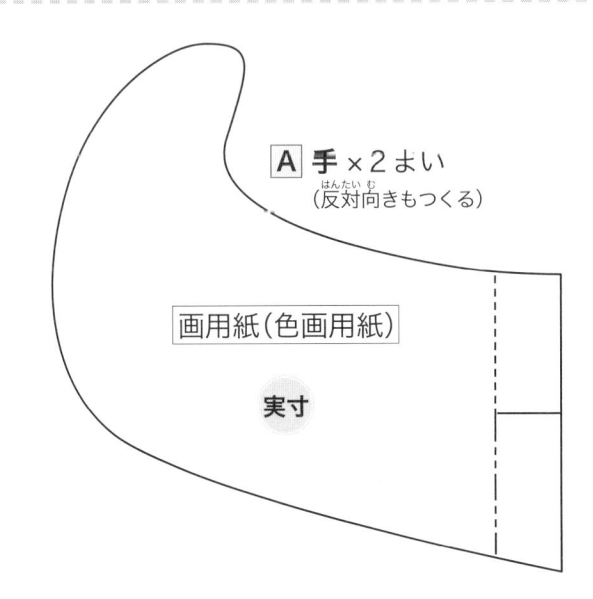

A 手 × 2まい
（反対向きもつくる）

画用紙（色画用紙）

実寸

つくり方

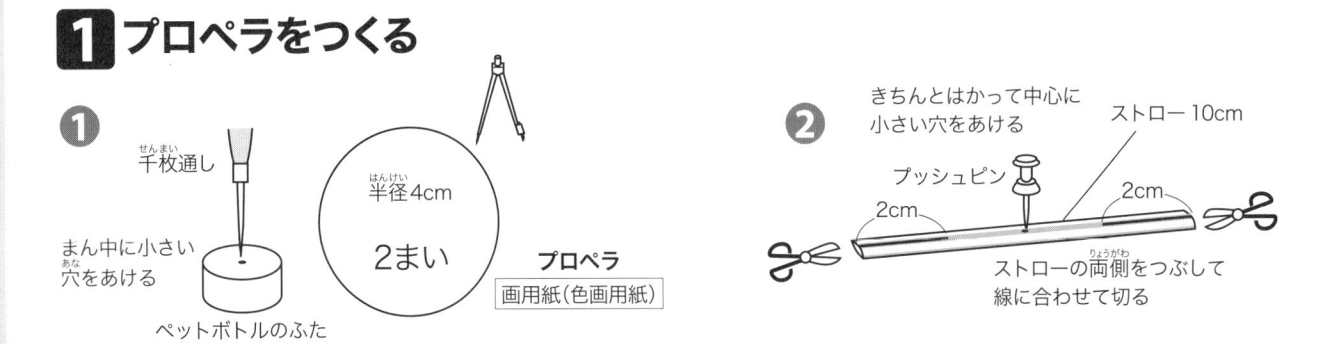

1 プロペラをつくる

① 千枚通し
まん中に小さい穴をあける
ペットボトルのふた
半径4cm
2まい
プロペラ
画用紙（色画用紙）

② きちんとはかって中心に小さい穴をあける
ストロー 10cm
プッシュピン
2cm　2cm
ストローの両側をつぶして線に合わせて切る

❸

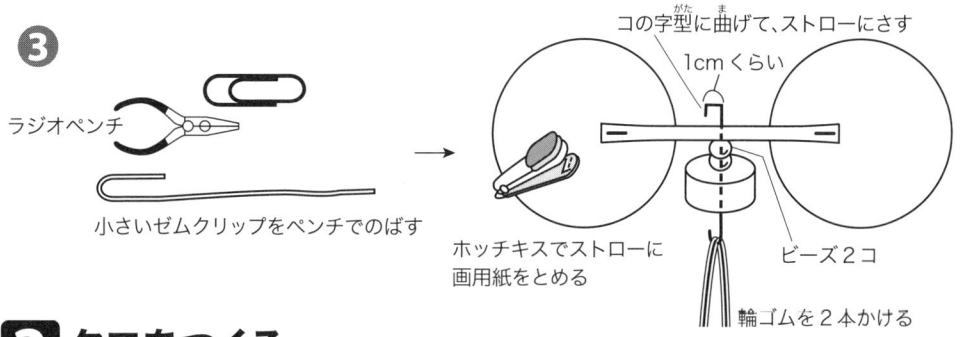

ラジオペンチ

小さいゼムクリップをペンチでのばす

ホッチキスでストローに
画用紙をとめる

コの字型に曲げて、ストローにさす
1cm くらい

ビーズ2コ

輪ゴムを2本かける

2 タコをつくる

❶

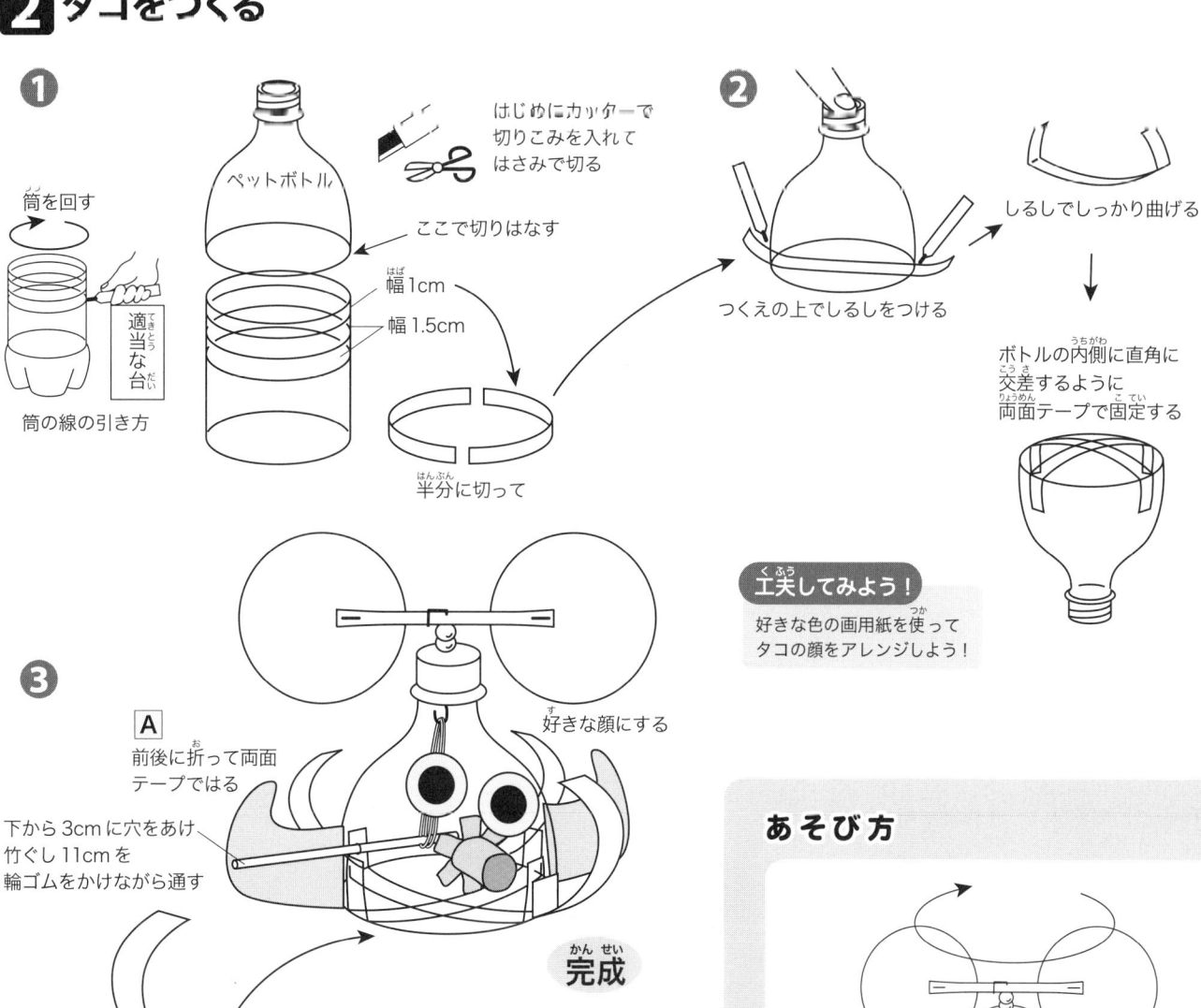

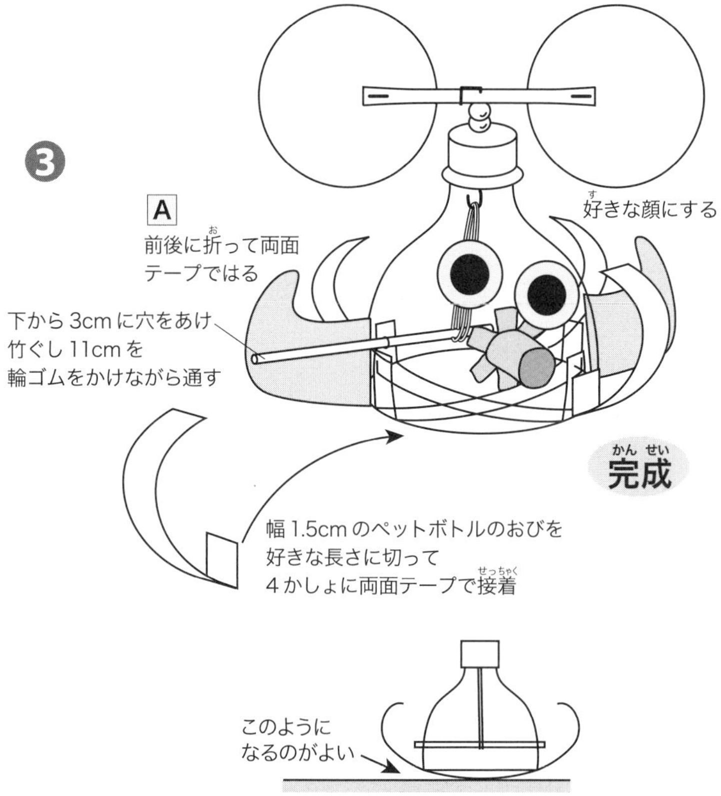

筒を回す

適当な台

筒の線の引き方

ペットボトル

はじめにカッターで
切りこみを入れて
はさみで切る

ここで切りはなす

幅1cm
幅1.5cm

半分に切って

❷

つくえの上でしるしをつける

しるしでしっかり曲げる

ボトルの内側に直角に
交差するように
両面テープで固定する

工夫してみよう！
好きな色の画用紙を使って
タコの顔をアレンジしよう！

❸

[A] 前後に折って両面
テープではる

下から3cmに穴をあけ
竹ぐし11cmを
輪ゴムをかけながら通す

好きな顔にする

完成

幅1.5cmのペットボトルのおびを
好きな長さに切って
4かしょに両面テープで接着

このように
なるのがよい

あそび方

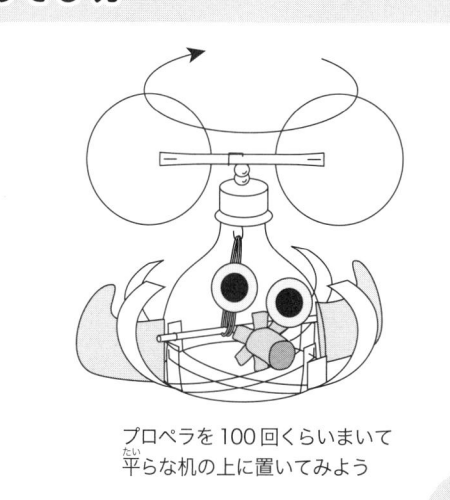

プロペラを100回くらいまいて
平らな机の上に置いてみよう

83

プロペラカー

材料

- 輪ゴム（No.18）… 6本
- 太いストロー（線の入ったもの）… 1本
- 細いストロー … 2本
- 竹ぐし … 3本
- ゼムクリップ（小）… 1コ
- ビーズ（6mm）… 2コ
- 発泡トレー（20×18cmぐらいのもの）… 1〜2まい
- 紙コップ … 1コ
- ダンボール
- 画用紙（色画用紙）

写真は28ページ

つくり方

1 ボディーをつくる

① 20cmくらい

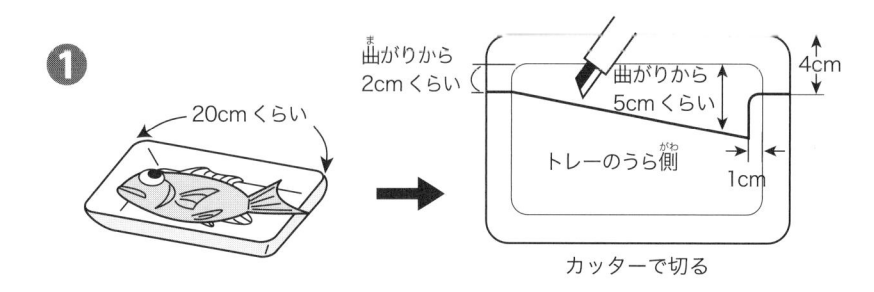

曲がりから2cmくらい／曲がりから5cmくらい／4cm／1cm
トレーのうら側
カッターで切る

② •のあたりに竹ぐしで穴をあける 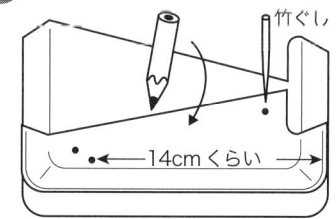
竹ぐし
14cmくらい
切りとったものをうら返して重ね、えんぴつでなぞり、切りとる
（発泡トレーのサイズが足りない場合は別の発泡トレーを使う）

③ ボールペンを使って細いストローのはいる大きさにひろげる

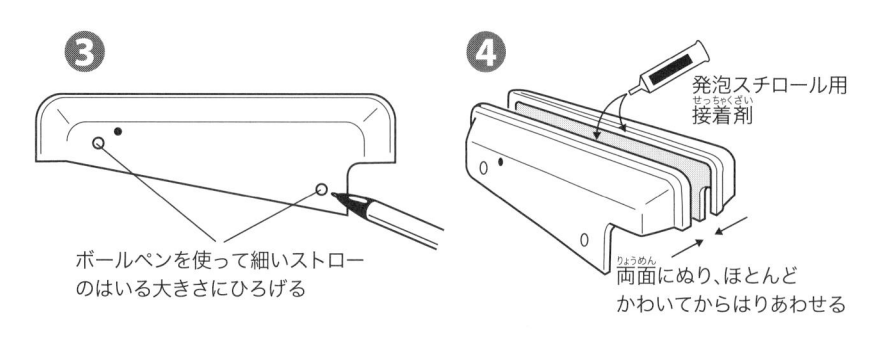

④ 発泡スチロール用接着剤
両面にぬり、ほとんどかわいてからはりあわせる

⑤ はなれないようにクリップではさむ
プッシュピンで穴をあける

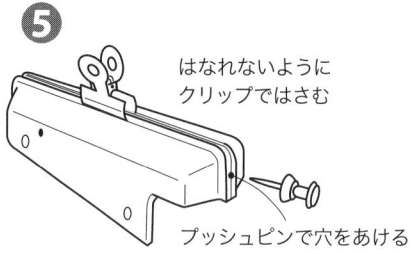

⑥ 輪ゴム2本つないだものを3本かける
ストローとボディーをセロハンテープでとめる
竹ぐし7cmをさす
細いストロー12cm

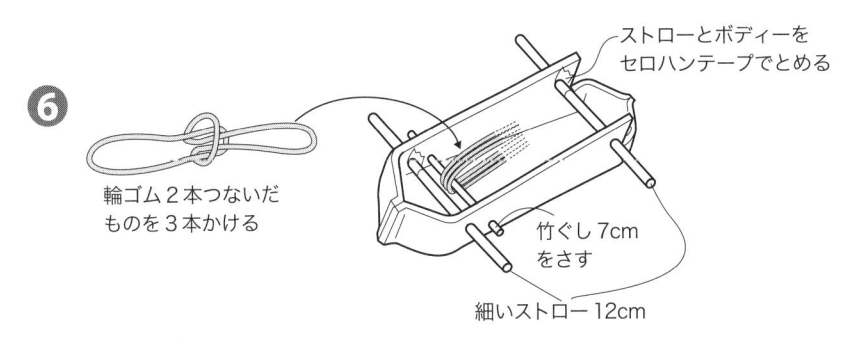

2 プロペラをつくる

① 紙コップ / 三角定規（つくえの上で）/ つぎ目のない所をえらんで切りとる / 3cm

② 6cm / 2まい

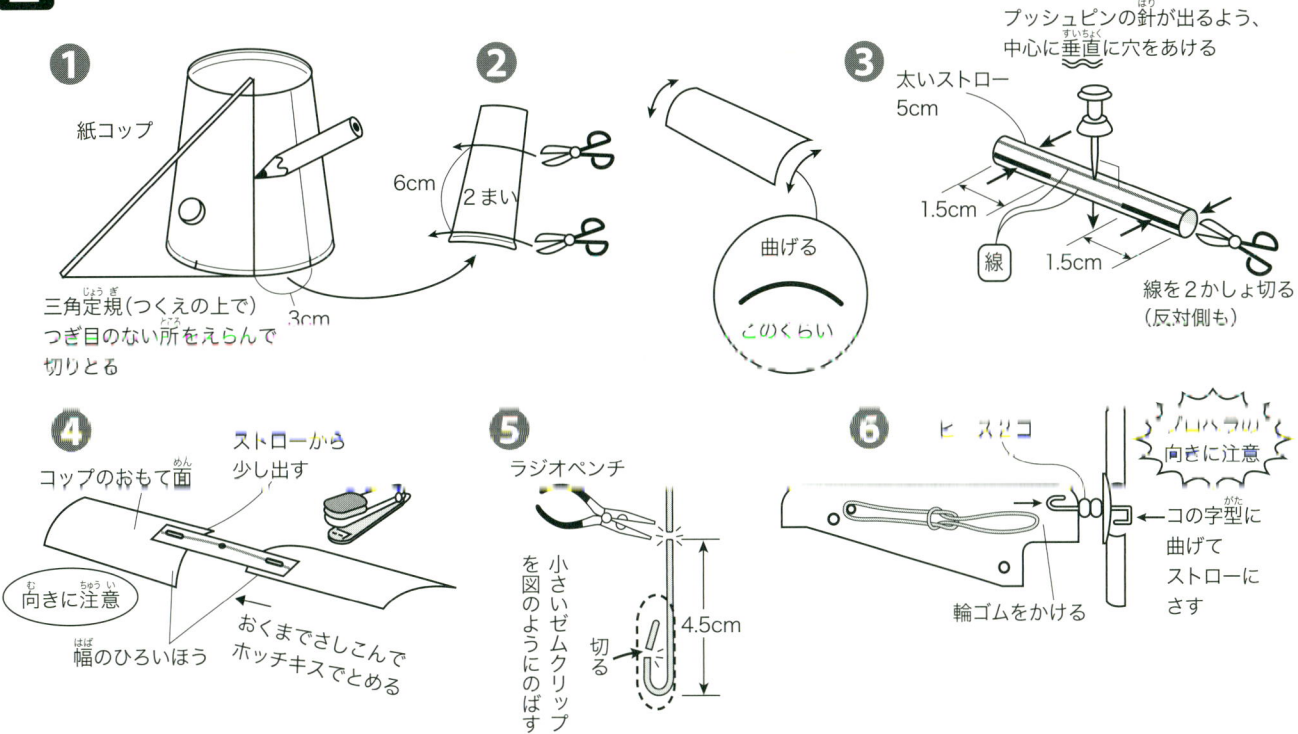

曲げる / このくらい

③ ストローの反対側の線からプッシュピンの針が出るよう、中心に垂直に穴をあける
太いストロー 5cm / 1.5cm / 線 / 1.5cm / 線を2かしょ切る（反対側も）

④ コップのおもて面 / ストローから少し出す / 向きに注意 / 幅のひろいほう / おくまでさしこんでホッチキスでとめる

⑤ ラジオペンチ / 小さいゼムクリップを図のようにのばす / 切る / 4.5cm

⑥ ヒス とコ / 輪ゴムをかける / バラバラの向きに注意 / コの字型に曲げてストローにさす

3 タイヤをつける

好きな色の画用紙をはって窓にする

タイヤ×4まい / ダンボール / 半径3cm

竹ぐし 13cm

穴にボンドを入れて竹ぐしに接着しよくかわかす

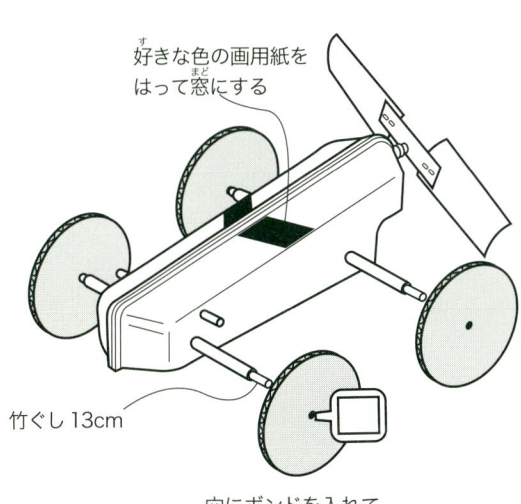

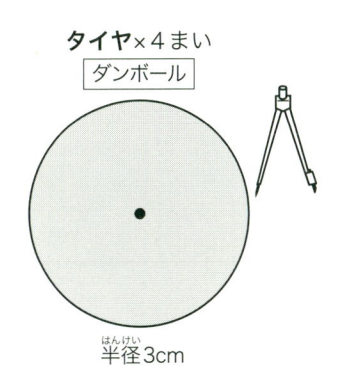

あそび方

● プロペラを200回くらいまく
● プロペラの紙の曲がり方を変えてみよう

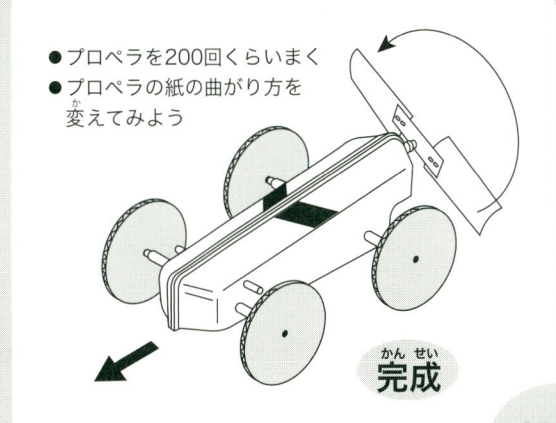

完成

85

夢のエアスクーター

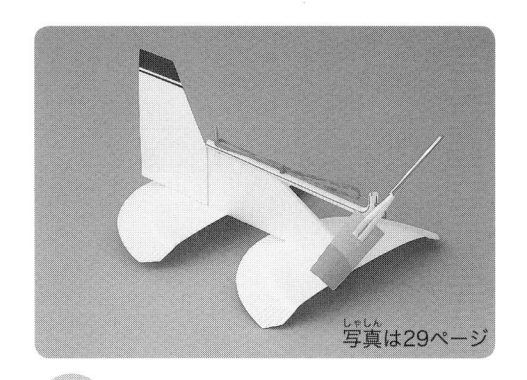

材料
- 輪ゴム（No.18）… 4本
- 紙皿（18cm）… 1まい
- 紙コップ … 1コ
- 発泡トレー
  （底が15×5cm以上のもの）… 1まい
- ゼムクリップ（小）… 1コ
- ビーズ（3mm）… 2コ
- 曲がるストロー
  （線の入ったもの）… 2本
- つまようじ … 1本
- 厚手の画用紙（ケント紙）

写真は29ページ

型紙　型紙の使い方は33ページ

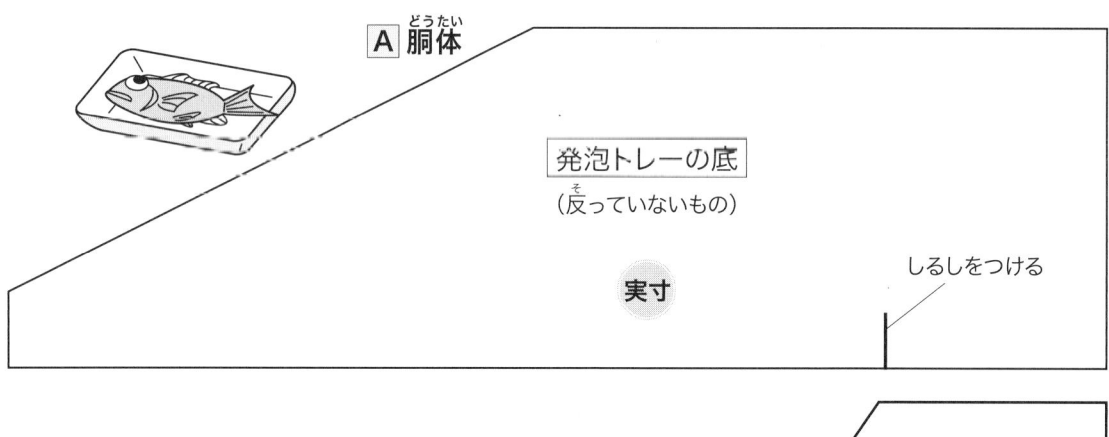

A 胴体

発泡トレーの底
（反っていないもの）

実寸

しるしをつける

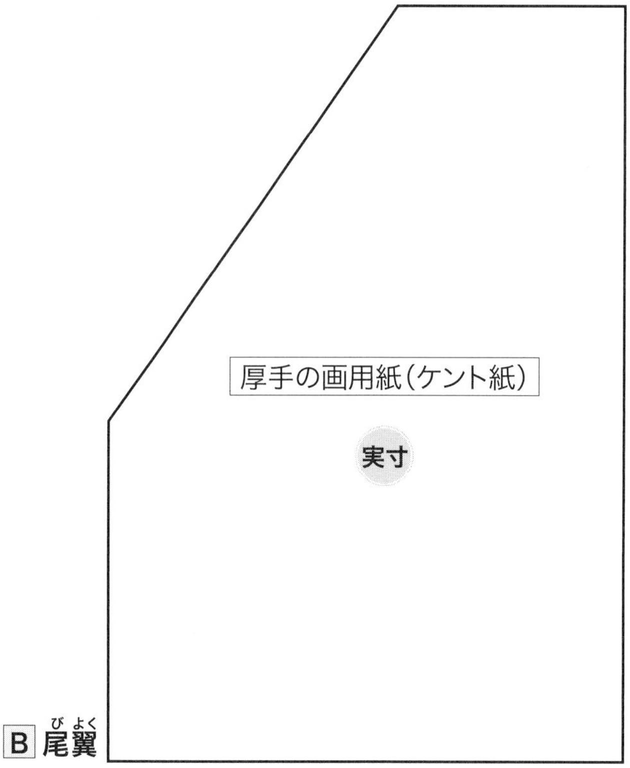

厚手の画用紙（ケント紙）

実寸

B 尾翼

つくり方

1 胴体をつくる

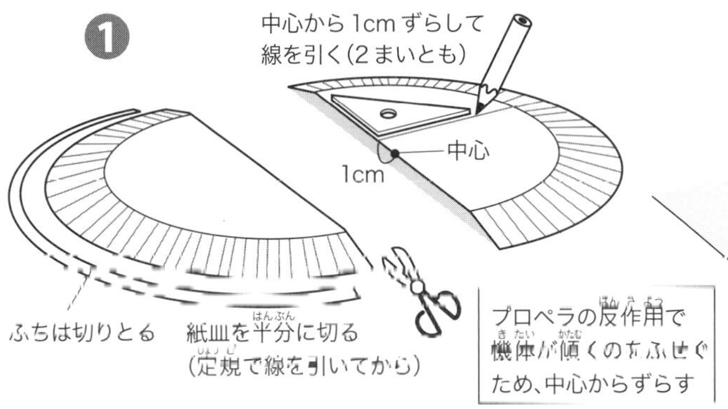

❶
- 中心から1cmずらして線を引く(2まいとも)
- 1cm　中心
- ふちは切りとる
- 紙皿を半分に切る(定規で線を引いてから)
- プロペラの反作用で機体が傾くのをふせぐため、中心からずらす

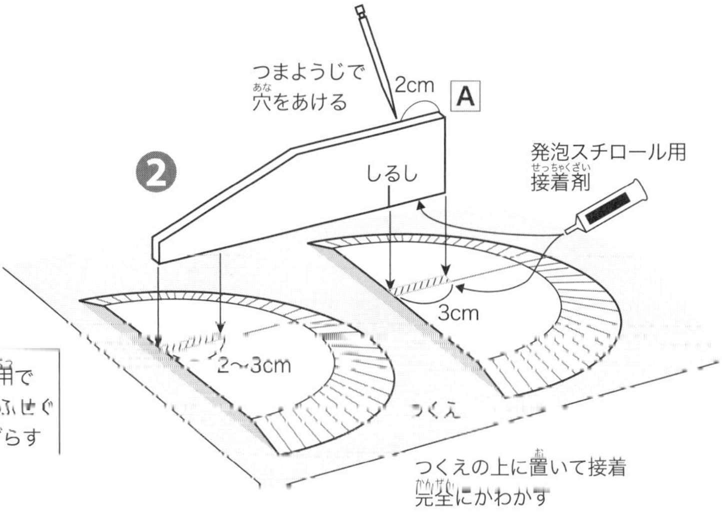

❷
- つまようじで穴をあける
- 2cm　A
- しるし
- 発泡スチロール用接着剤
- 2～3cm
- 3cm
- つくえ
- つくえの上に置いて接着　完全にかわかす

2 プロペラをつくる

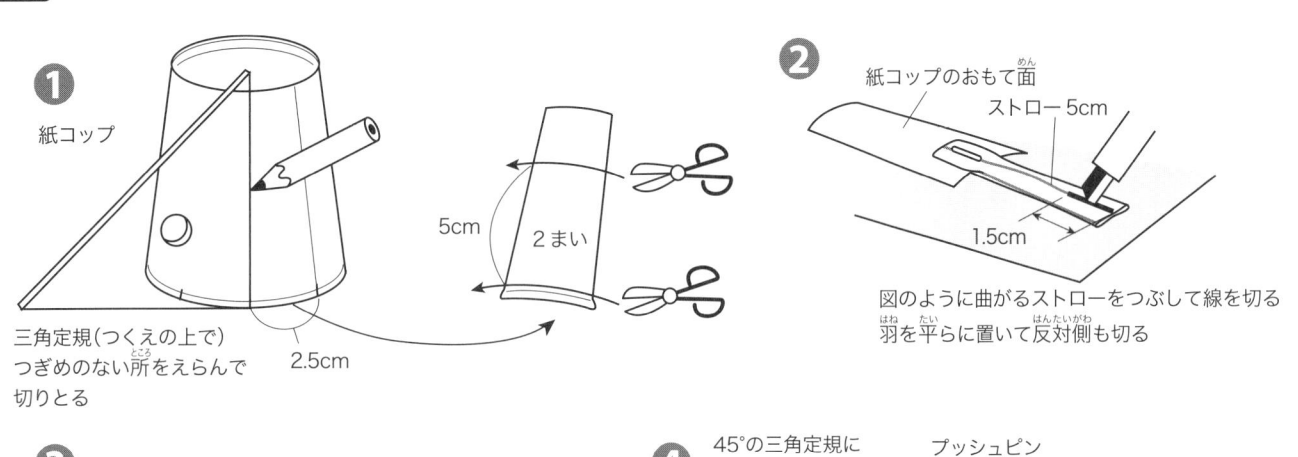

❶
- 紙コップ
- 三角定規(つくえの上で)つぎめのない所をえらんで切りとる
- 2.5cm
- 5cm　2まい

❷
- 紙コップのおもて面
- ストロー 5cm
- 1.5cm
- 図のように曲がるストローをつぶして線を切る
- 羽を平らに置いて反対側も切る

❸
- 紙コップのおもて面
- おくまでさしこんでホッチキスでとめる
- 幅の広いほう
- 紙コップのおもて面

❹
- 45°の三角定規に羽を当てる
- プッシュピン
- 中心に垂直に穴をあける
- 消しゴム

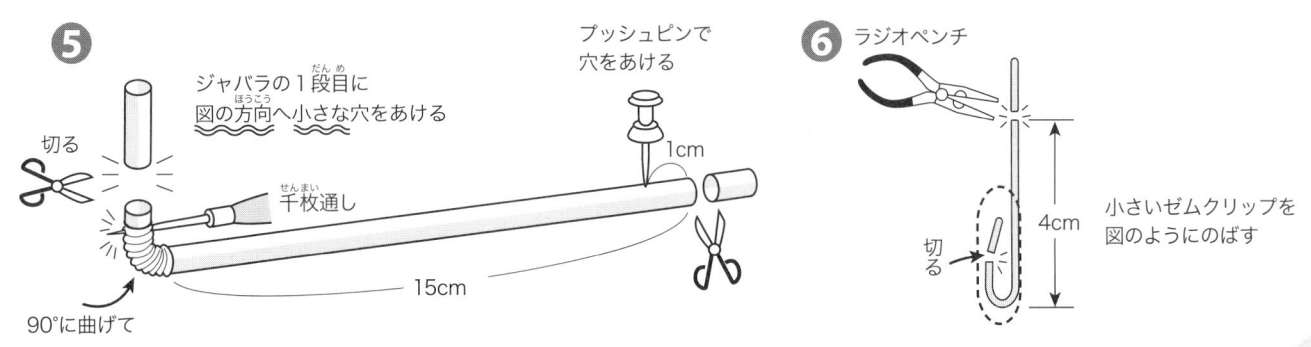

❺
- 切る
- 千枚通し
- ジャバラの1段目に図の方向へ小さな穴をあける
- プッシュピンで穴をあける
- 1cm
- 15cm
- 90°に曲げて

❻
- ラジオペンチ
- 小さいゼムクリップを図のようにのばす
- 4cm
- 切る

3 胴体にプロペラと尾翼をつける

- 紙コップのおもて面（向きに注意）
- ビーズ2コ
- ゼムクリップ
- 輪ゴム2本つないだものを2本
- 胴体にあけた穴につまようじを深くさして切る
- 1.5cmくらい
- 両面テープではる
- 尾翼 B
- コの字型に曲げてストローにさす
- セロハンテープ
- 完成
- 4つの角を1cmほど切りおとす

あそび方

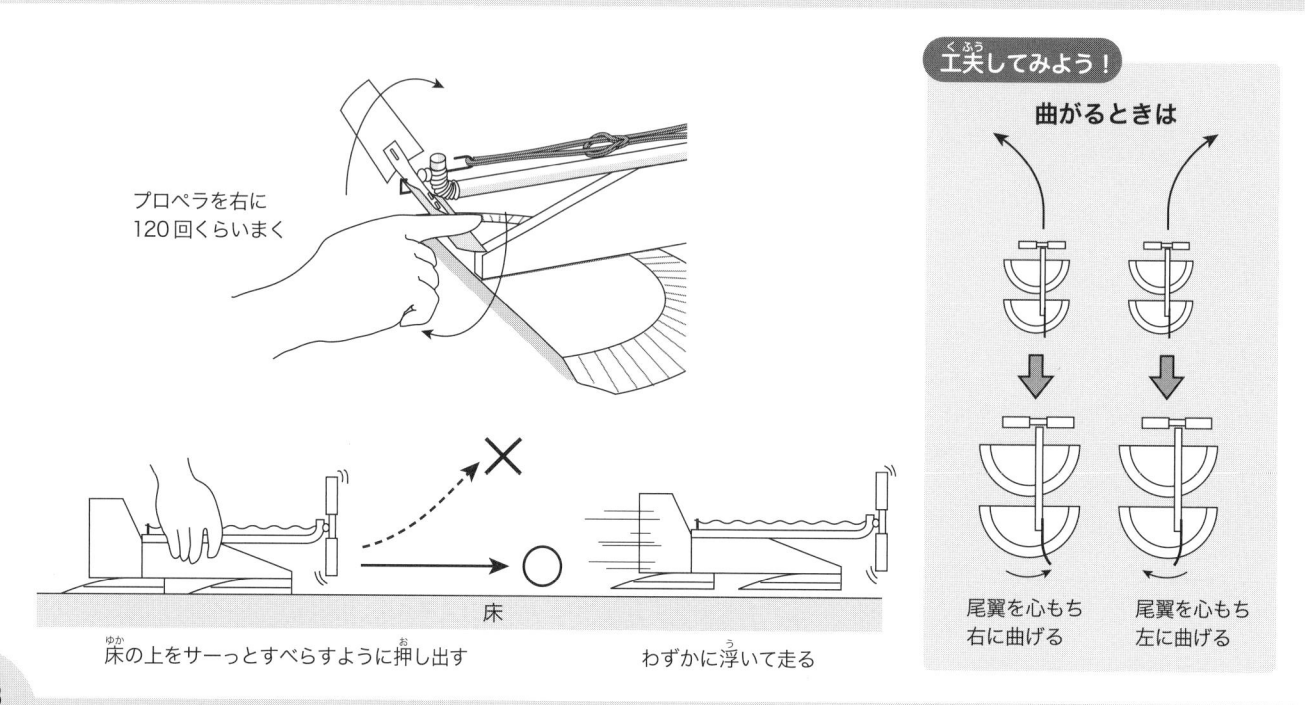

プロペラを右に120回くらいまく

床の上をサーッとすべらすように押し出す

わずかに浮いて走る

床

工夫してみよう！

曲がるときは

尾翼を心もち右に曲げる ／ 尾翼を心もち左に曲げる

おばけの野原

材料

- 輪ゴム（No.18）…4本
- ゼムクリップ（小）…2コ
- ビーズ（6mm）…2コ
- 太いストロー（線の入ったもの）…1本
- 割りばし…1本
- 竹ぐし…1本
- つまようじ…2本
- 手芸糸
- 厚紙
- 画用紙（色画用紙）

型紙　型紙の使い方は33ページ

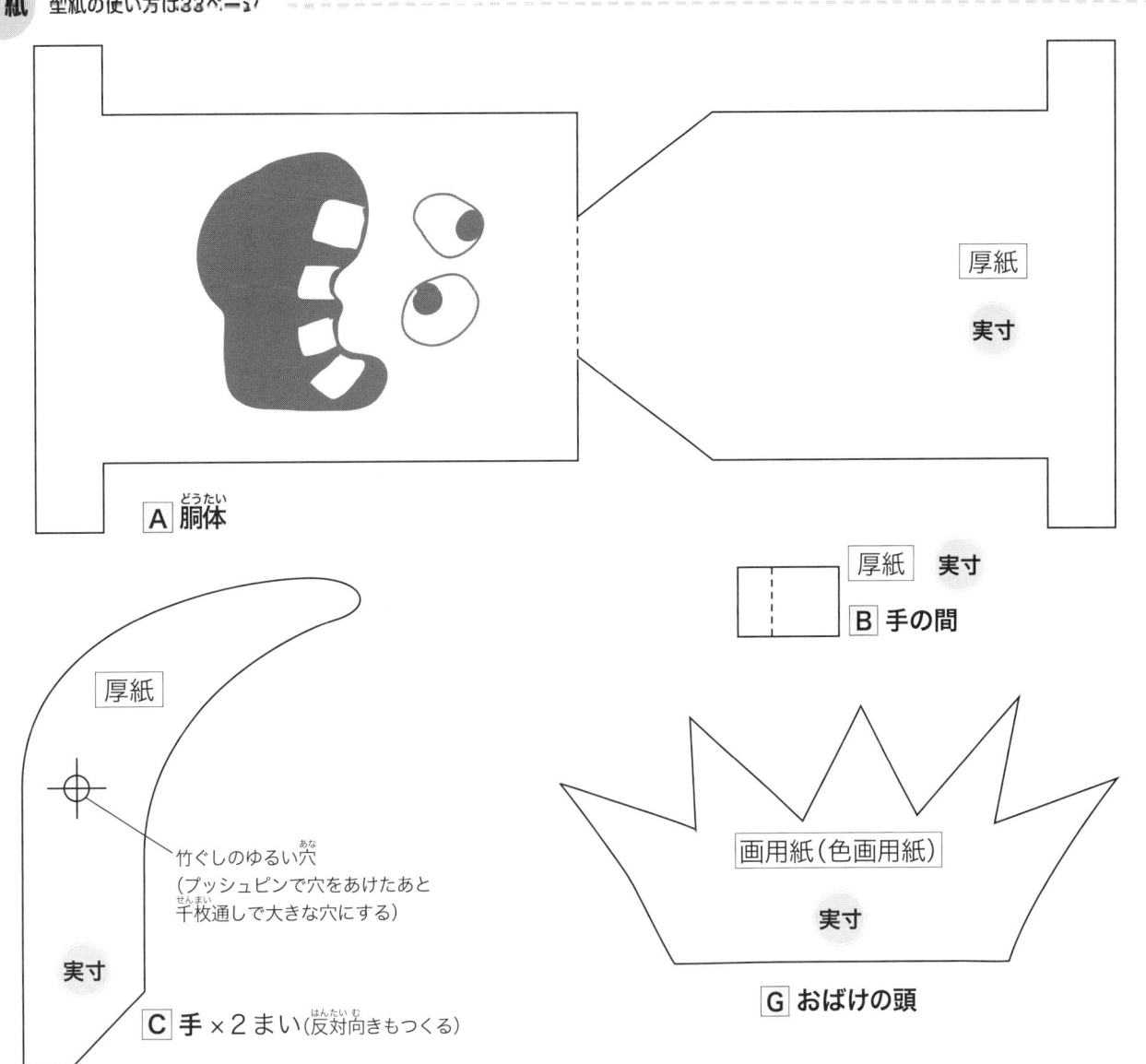

A 胴体　厚紙　実寸

B 手の間　厚紙　実寸

C 手×2まい（反対向きもつくる）　厚紙　実寸
竹ぐしのゆるい穴
（プッシュピンで穴をあけたあと千枚通しで大きな穴にする）

G おばけの頭　画用紙（色画用紙）　実寸

切りこみ

プッシュピンで穴をあける

竹ぐしのゆるい穴

厚紙

200%拡大コピー

竹ぐしのゆるい穴

切りぬく

D 台(だい)

のりしろ

のりしろ

厚紙

200%拡大コピー

のりしろ

E 側面(そくめん)

画用紙（色画用紙）

F ストローにつける炎(ほのお)×2まい
（反対向きもつくる）

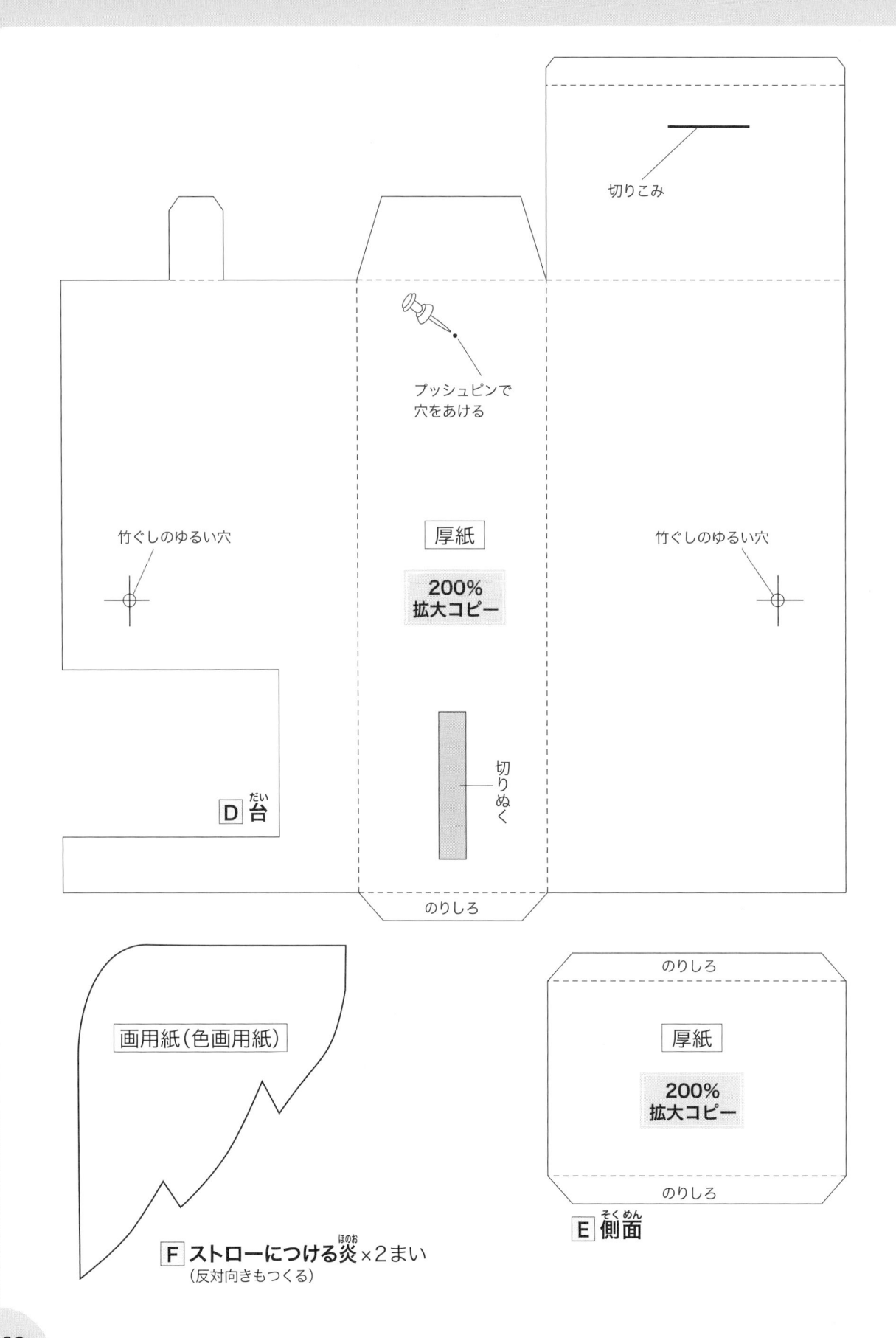

つくり方

1 しかけをつくる

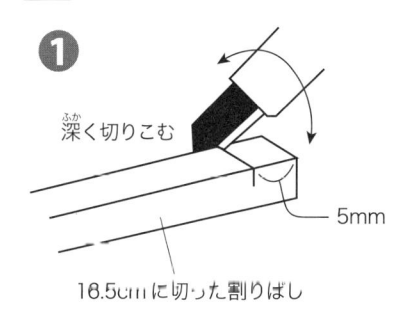

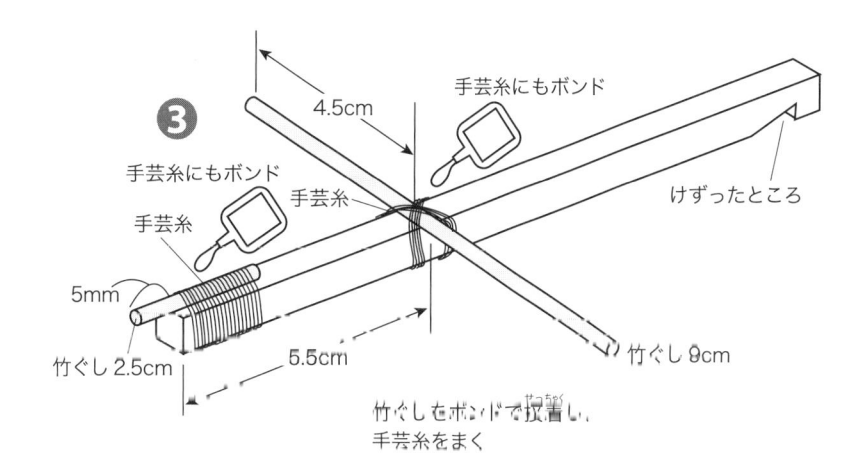

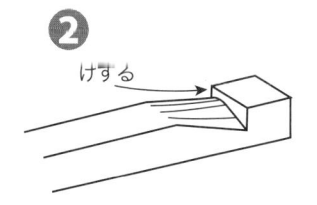

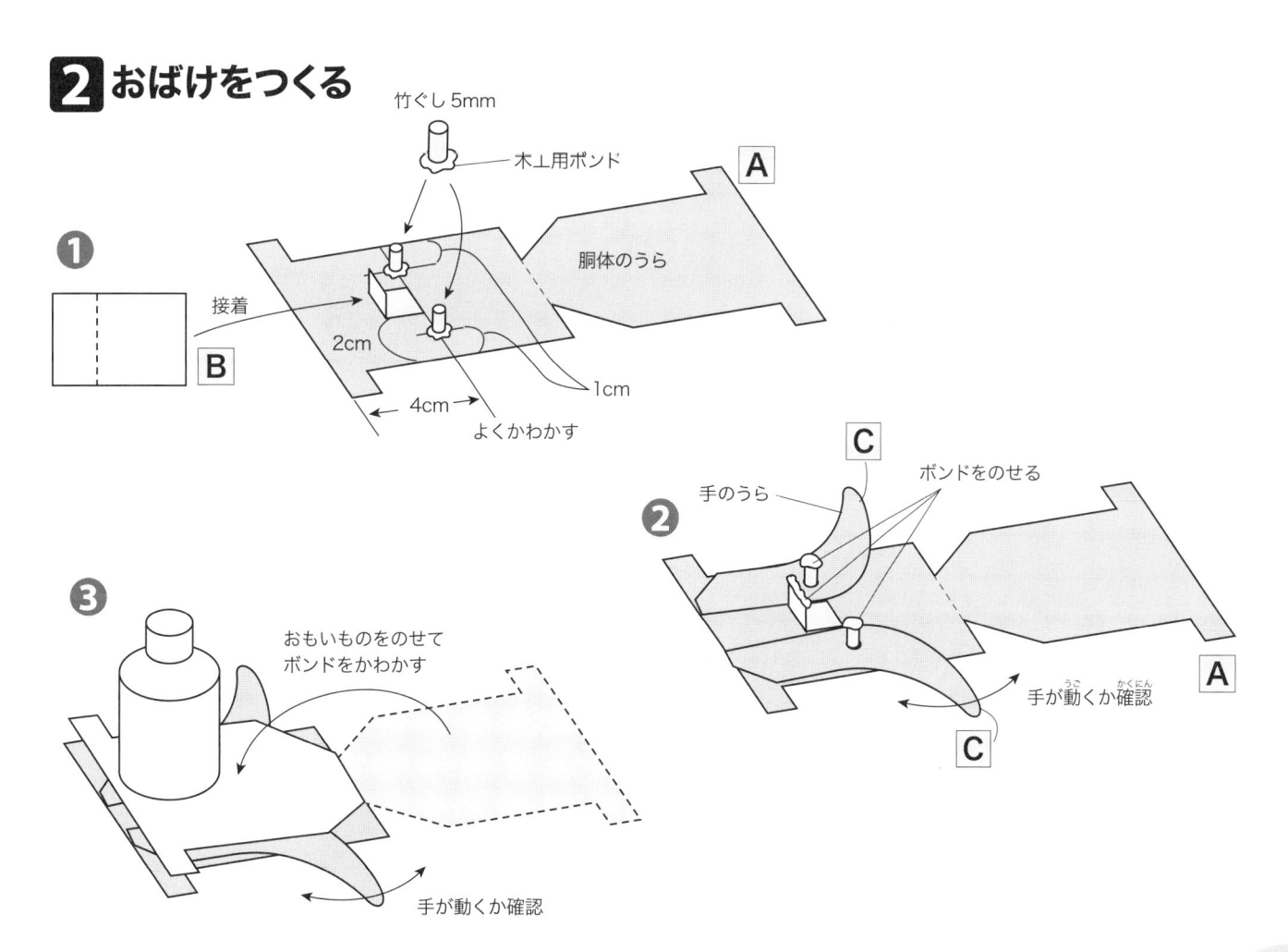

① 深く切りこむ / 5mm / 16.5cmに切った割りばし

② けずる

③ 4.5cm / 手芸糸にもボンド / 手芸糸にもボンド / 手芸糸 / けずったところ / 5mm / 手芸糸 / 竹ぐし2.5cm / 5.5cm / 竹ぐし9cm / 竹ぐしをボンドで接着し、手芸糸をまく

2 おばけをつくる

① 接着 / B / 竹ぐし5mm / 木工用ボンド / A / 胴体のうら / 2cm / 4cm / 1cm / よくかわかす

② 手のうら / C / ボンドをのせる / A / C / 手が動くか確認

③ おもいものをのせてボンドをかわかす / 手が動くか確認

91

3 台をつくる

❶

単位(cm)

竹ぐしのゆるい穴
プッシュピンで穴をあける
のりしろ
D
E のりしろ
切り込み
竹ぐしのゆるい穴

❷
しっかり穴をあける
接着しない!!
3.5cm
4cm
E 側面
D 台
台と側面を接着

❸
ひっくりかえして
おばけを入れる（向きに注意）

❹ ゼムクリップをかける
つまようじ2cm
輪ゴム
つまようじ
輪ゴムの穴の通し方
ゼムクリップかヘアピン

❺ 半径1.5cmの厚紙を竹ぐしに接着
竹ぐしを下に

❻

カバー
厚紙
のりしろ
7cm × 7cm
1cm のりしろ

4 炎をつける

① 太いストローの線を切る(反対側も)
3.5cm / 7cm / 14cm
プッシュピンで垂直に太いストローの線に穴をあける

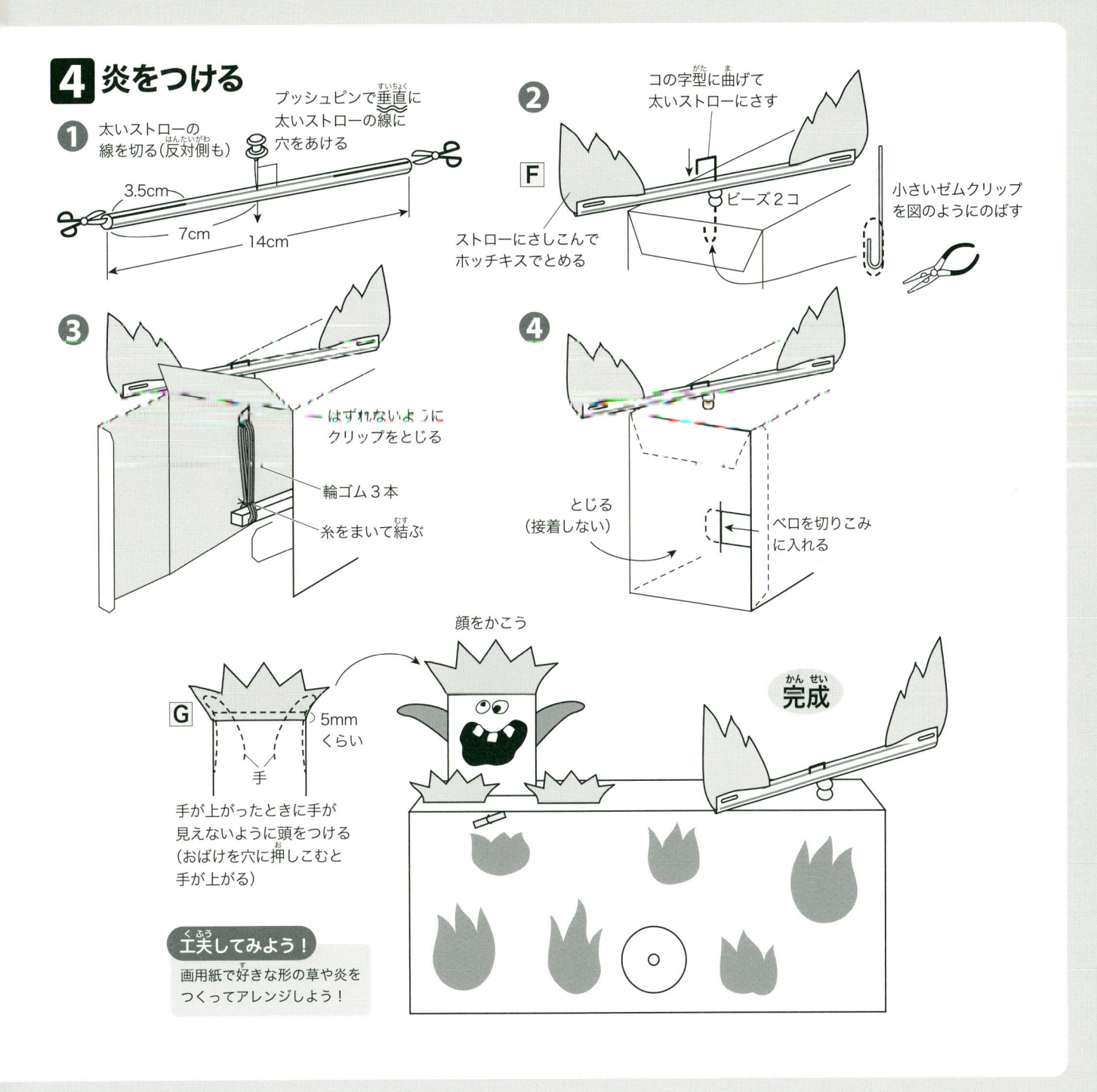

② コの字型に曲げて太いストローにさす
F ストローにさしこんでホッチキスでとめる
ビーズ2コ
小さいゼムクリップを図のようにのばす

③ はずれないようにクリップをとじる
輪ゴム3本
糸をまいて結ぶ

④ とじる(接着しない)
ベロを切りこみに入れる

G 5mmくらい
手
手が上がったときに手が見えないように頭をつける(おばけを穴に押しこむと手が上がる)

顔をかこう

完成

工夫してみよう！
画用紙で好きな形の草や炎をつくってアレンジしよう！

あそび方

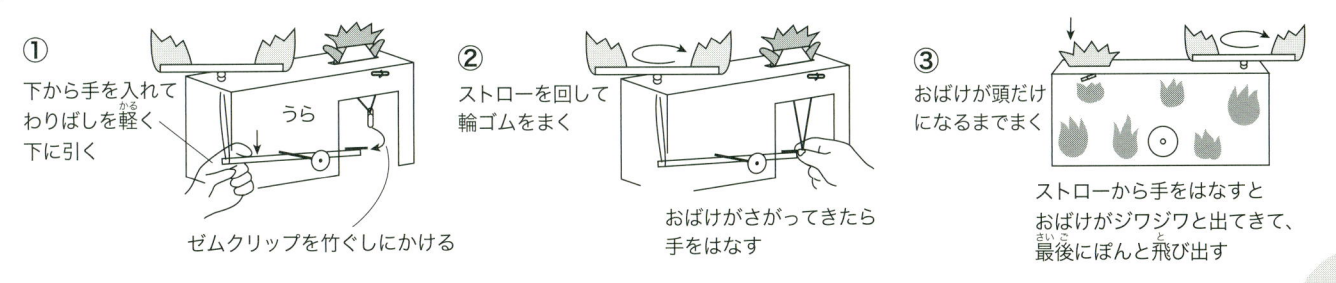

① 下から手を入れてわりばしを軽く下に引く
うら
ゼムクリップを竹ぐしにかける

② ストローを回して輪ゴムをまく
おばけがさがってきたら手をはなす

③ おばけが頭だけになるまでまく
ストローから手をはなすとおばけがジワジワと出てきて、最後にぽんと飛び出す

93

円ばんシューティング

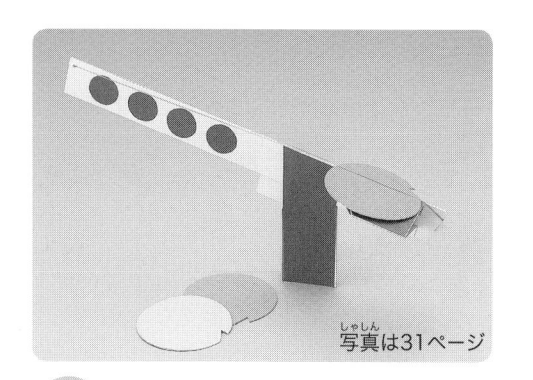

材料
輪ゴム（No.18）…1本　　画用紙（色画用紙）
厚紙

型紙　型紙の使い方は33ページ

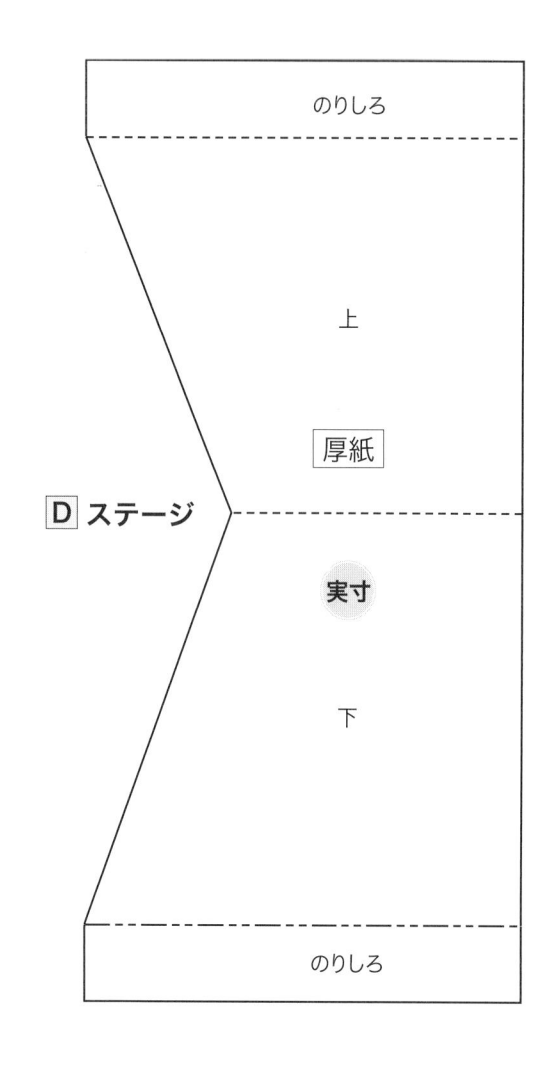

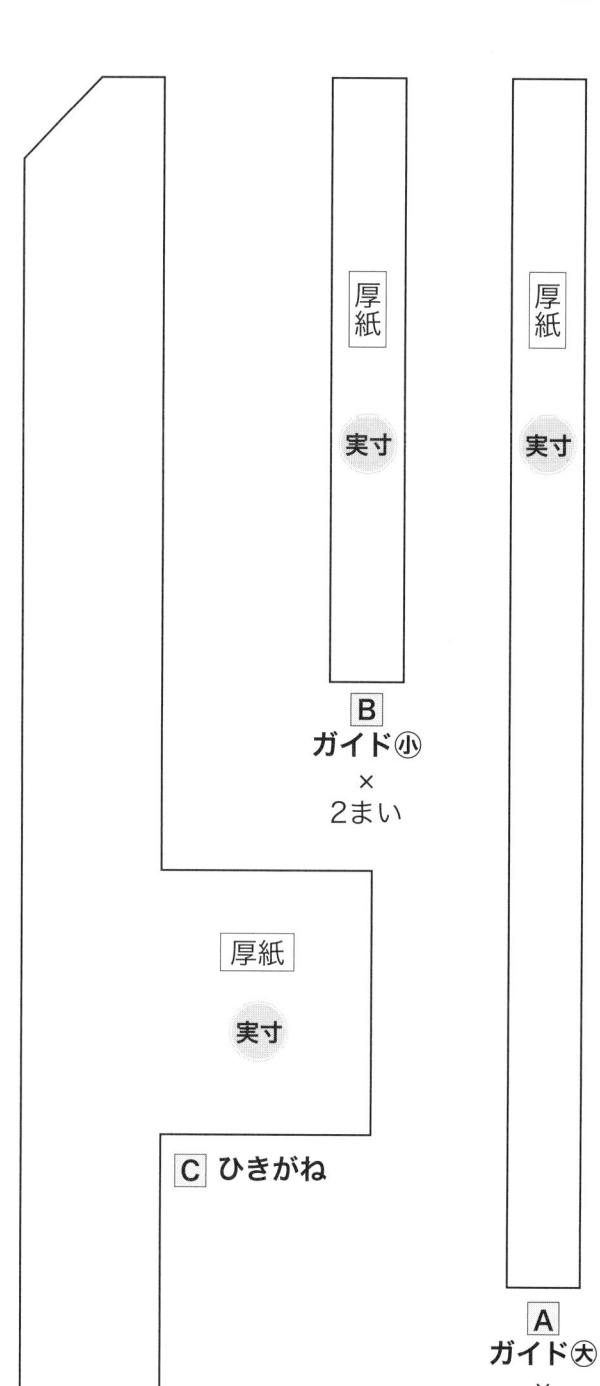

写真は31ページ

D ステージ
のりしろ
上
厚紙
実寸
下
のりしろ

B ガイド小 × 2まい
厚紙 実寸

C ひきがね
厚紙 実寸

A ガイド大 × 2まい
厚紙 実寸

つくり方

1 銃身をつくる

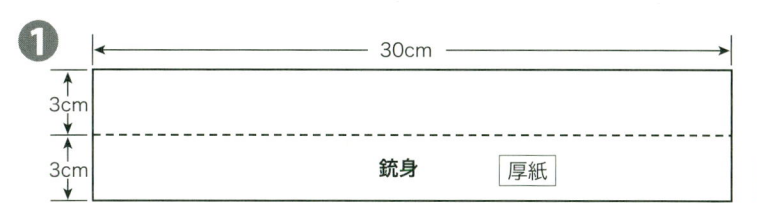

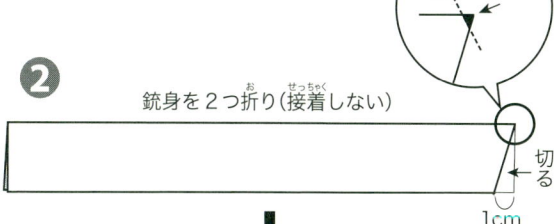

① 30cm × 3cm/3cm の厚紙（銃身）

② 銃身を2つ折り（接着しない）／2mmほど切りとる／1cm 切る

③ ひらいて／A ガイド大／B ガイド小／ガイドを2まいずつ重ねてはる

④ ガイドにだけ接着／木工用ボンド／A ガイド大／B ガイド小／C ひきがねをのせて動くか確認 向きに注意

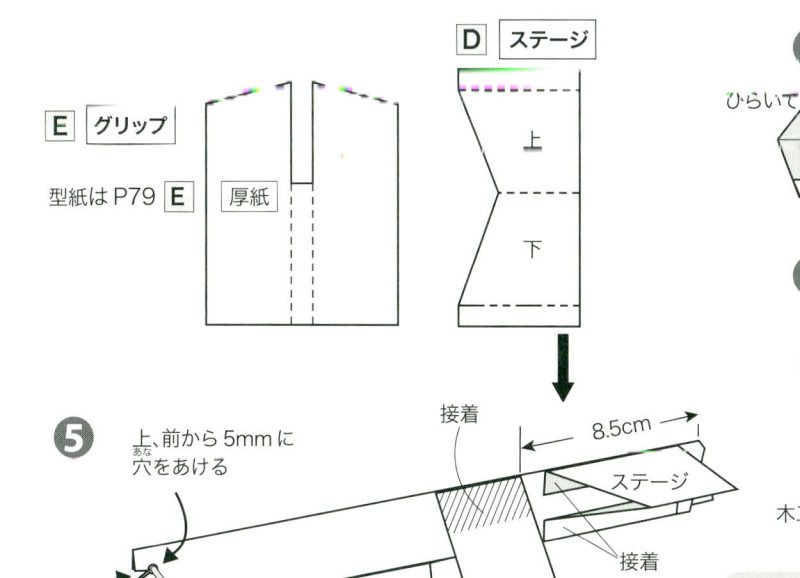

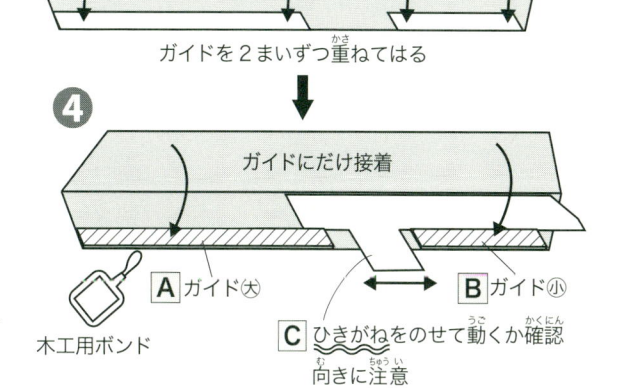

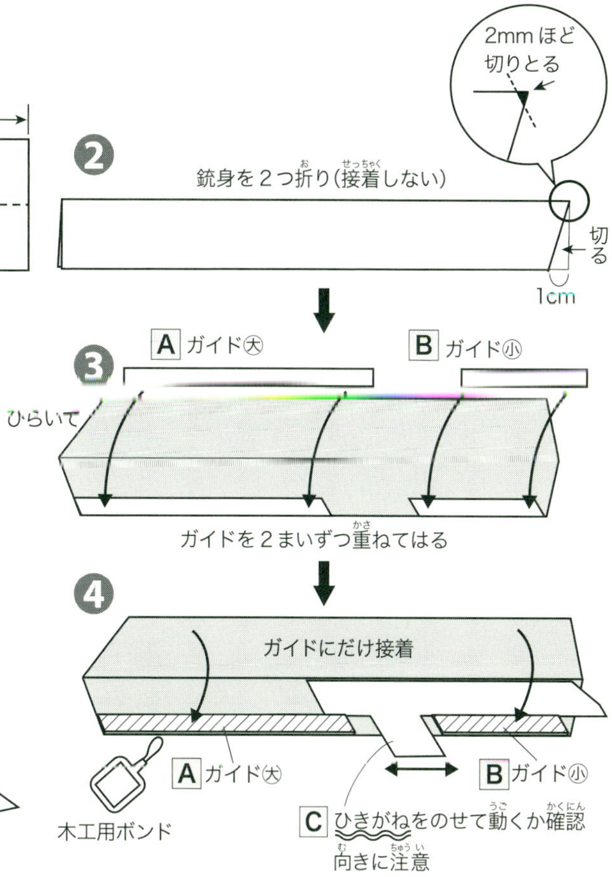

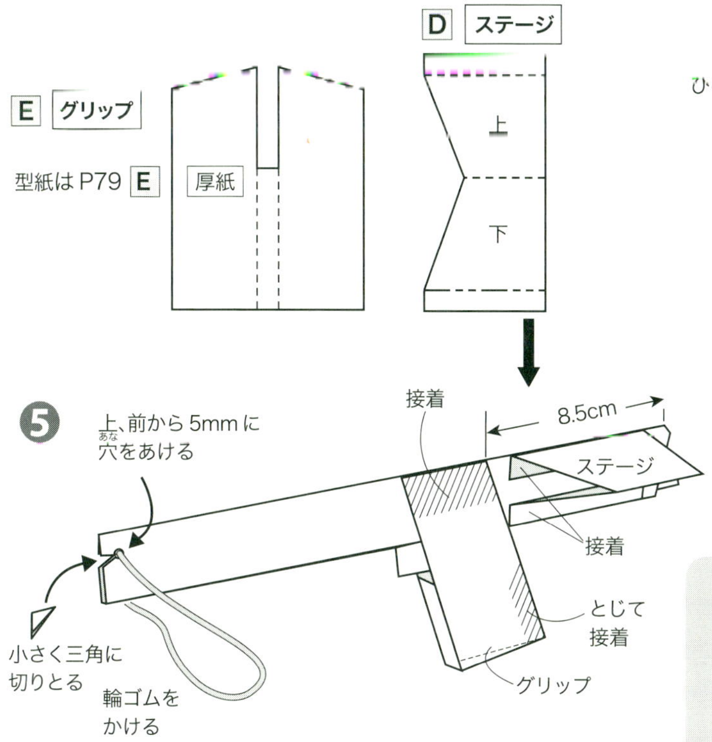

D ステージ（上／下）

E グリップ（型紙はP79 E 厚紙）

⑤ 上、前から5mmに穴をあける／小さく三角に切りとる／輪ゴムをかける／接着／ステージ 8.5cm／接着／とじて接着／グリップ

工夫してみよう！
好きな色の画用紙を使って、銃身をかっこよくアレンジしよう

2 円ばんをつくる

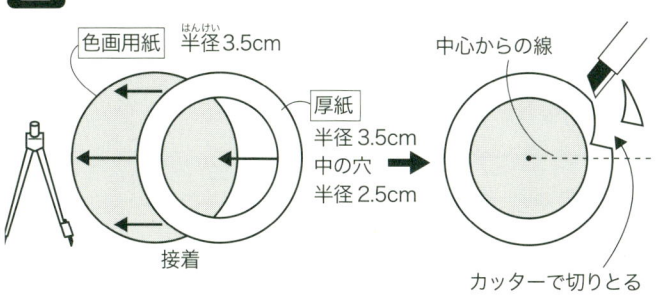

色画用紙 半径3.5cm／厚紙 半径3.5cm 中の穴 半径2.5cm／接着／中心からの線／カッターで切りとる

あそび方

①輪ゴムをかける
②円ばんをステージにのせ、ステージ側のゴムを円ばんの上にかける
③ひきがねを引く

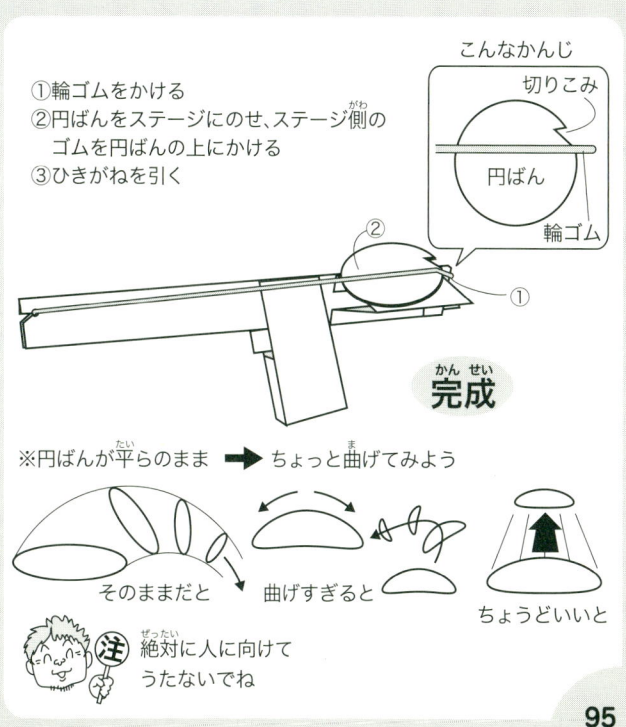

こんなかんじ／切りこみ／円ばん／輪ゴム

完成

※円ばんが平らのまま → ちょっと曲げてみよう
そのままだと／曲げすぎると／ちょうどいいと

注 絶対に人に向けてうたないでね

95

著者紹介

かんばこうじ

工作作家。イラストレーター。
1949年3月7日、大分県生まれ。典型的B型。2歳のときに家族で上京。
しかけプラモデルの設計者である父の影響で子どものころは工作ばかりして過ごす。
現在、「かんばサイエンス グラフィック」を主宰。
子ども向けの科学誌に多くのイラストを手がけるなどの活動を行なっている。
工作好きが高じて『子供の科学』(誠文堂新光社)に「簡単工作」を連載中。

工作ホームページ　http://www.kanbakousaku.com/
イラストホームページ　http://kokanba.jimdo.com/

装幀・デザイン ── 小田圭一郎 (AMBER)
本文レイアウト ── 朝日メディアインターナショナル株式会社
撮影 ── 木村正史
イラスト ── アート工房　かんばこうじ
撮影協力 ── 林田悠吾くん　室谷依和ちゃん

わくわく！ どきどき！
「輪ゴム」で動くビックリおもちゃ

2014年3月19日　第1版第1刷発行

著　者　かんばこうじ
発行者　安藤　卓
発行所　株式会社PHP研究所
京都本部　〒601-8411　京都市南区西九条北ノ内町11
[内容のお問い合わせは]〈教育出版部〉☎ 075-681-8732
[購入のお問い合わせは]〈普及グループ〉☎ 075-681-8818
印刷所　図書印刷株式会社

©Koji Kanba 2014 Printed in Japan
落丁・乱丁本の場合は、送料弊社負担にてお取り替えいたします。
ISBN978-4-569-81771-2